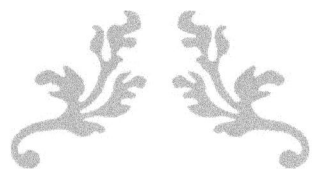

EINE WELT VOLLER WUNDER

Wie Meditation dein Leben verändern kann!

SVEN OLIVER RATZI

Inhaltsverzeichnis

1. **Meine Geschichte**
   S.1-7

2. **Achtsamkeit und Meditation**
   S. 8-12

3. **Unser Unterbewusstsein verstehen**
   S. 13-21

4. **Deine Atmung**
   S. 22-31

5. **Körperbewusstsein stärken**
   S.32-45

6. **Emotionen**
   S.46-102

7. **Schulung des Geistes**
   S.103-132

8. **Der Mensch hat verlernt Mensch zu sein**
   S.133-140

9. **Nützliche Skills zur Lebensqualität**
   S.141-143

Vorwort

Mein Name ist Sven Oliver Ratzi, ich bin 26 Jahre alt, habe 2018 mein Abitur gemacht und studiere derzeit Sport. Während meines Studiums habe ich eine Ausbildung zum Meditationslehrer abgeschlossen. Nun möchte ich mein Wissen, das ich in dieser Ausbildung erworben habe, mit euch teilen. Zudem berichte ich in diesem Buch von meiner persönlichen Geschichte und erzähle, wie ich mich mit Hilfe einer zweieinhalbjährigen Therapie und meiner Meditationspraxis aus einer Zwangserkrankung befreit habe.

Dieses Buch soll Menschen dabei unterstützen, ein besseres und vor allem glücklicheres Leben mit mehr Leichtigkeit und Freude zu führen. Achtsamkeit und Meditation sind zwei sehr wichtige Werkzeuge in meinem Leben, die mir viel Klarheit und Sicherheit schenken.

Mit meiner Geschichte, fundiertem theoretischen Wissen und praktischen Übungen möchte ich dir zeigen, wie auch du diese Werkzeuge nutzen kannst, um dein Leben Schritt für Schritt nach deinen Vorstellungen zu gestalten. Du darfst dich selbst neu kennenlernen und vor allem lieben lernen.

Meditation lehrt uns, die Welt so zu sehen, wie sie wirklich ist, und Vorstellungen davon loszulassen, wie sie sein sollte. Dadurch lernst du automatisch, auch alle Vorstellungen von dir selbst abzulegen und dich so zu akzeptieren und zu lieben, wie du wirklich bist.

Ich hoffe, dass ich mit meiner Geschichte viele Menschen inspirieren kann, ihre eigene Wahrheit zu finden und eine neue Verbindung zu sich selbst aufzubauen – um dieser Welt viel Positives zu schenken.

Nun wünsche ich dir viel Freude beim Lesen dieses Buches

© 2025 Sven Oliver Ratzi
Verlag: BoD · Books on Demand GmbH, In de Tarpen 42,
22848 Norderstedt, bod@bod.de
Druck: Libri Plureos GmbH, Friedensallee 273,
22763 Hamburg
ISBN: 978-3-7597-9960-9

Meine Geschichte

In meiner Kindheit war ich ein fröhlicher, aber auch sehr nachdenklicher Junge. Eher schüchtern und vorsichtig, manchmal sogar etwas ängstlich. Doch sobald ich mich sicher fühlte, konnte ich derjenige sein, der am lautesten war.

Schon damals hatte ich oft Angst vor Krankheiten und beschäftigte mich früh mit dem Thema Tod. Die Vorstellung zu sterben, machte mir große Angst. Dennoch habe ich meine Kindheit sehr genossen und nie bewusst wahrgenommen, dass manche Dinge nicht so liefen, wie ich es mir gewünscht hätte oder was ich in bestimmten Momenten gebraucht hätte.

Mir wurde beigebracht, stark zu sein und mich durchzusetzen, denn nur so würde man Respekt gewinnen. Aber was tut man, wenn man in Situationen gerät, in denen man trotz aller Stärke unterlegen ist? Ebenfalls lernte ich, dass ich stets der Beste sein müsse, wenn ich etwas anfange. Bereits früh entstand das Gefühl, dass meine Leistung nur dann genügend sei, wenn sie herausragend war. Es ging immer noch besser, selbst wenn ich mein Bestes gab, gab es immer etwas Größeres, Besseres, dem ich nacheifern konnte.

So bemühte ich mich, diesen Ansprüchen gerecht zu werden, redete mir ein, stark zu sein, und versuchte, nach außen hin selbstbewusst zu wirken – auch aus meiner Unsicherheit heraus. Besonders in der Pubertät brachte mir dieses Verhalten in der Schule oft Schwierigkeiten. Ich geriet immer wieder in Streitigkeiten, eckte an und provozierte durch meine Art oft andere. Dabei habe ich niemanden schlecht behandelt, doch wenn man ständig betont, wie gut man sei, wirkt das wenig sympathisch.

Viele suchten gezielt nach meinen Fehlern, und da ich mit meinen Schwächen offen umging, fanden sie schnell Angriffspunkte, um mich zu verletzen. Heute weiß ich, dass mein Verhalten stark dazu beitrug, dass sich die Dinge so entwickelten. Doch damals wusste ich nicht, wie ich anders hätte bestehen können. Meine ständige Angst zu versagen und die Unfähigkeit, mich jemandem anzuvertrauen, zwangen mich dazu, mir einzureden, über den Dingen zu stehen – stärker zu sein als alles andere. Hinter dieser Fassade steckte jedoch ein verunsichertes Kind, das Sicherheit, Geborgenheit und Anerkennung suchte. Ich wollte einfach gesehen und gemocht werden, glaubte jedoch, dass ich nur durch Leistung Zuneigung verdienen könne.

Trotzdem hatte ich einen geliebten Freundeskreis, für den ich alles gegeben habe. Wir hatten eine schöne Zeit zusammen. Dennoch waren die Konflikte in der Schule mitunter vernichtend. Man verbreitete Videos und Chatverläufe von mir, um sich über mich lustig zu machen. Ich wusste irgendwann nicht mehr, wer mich wirklich kennenlernen wollte oder ob jemand geschickt wurde, um mich zu verletzen. Meine Nummer wurde weitergegeben, ich landete in einer WhatsApp-Gruppe, in der ich massiv beleidigt und mir Gewalt angedroht wurde. Diese Zeit war von großer Angst geprägt.

Doch auch damals spielte ich die Rolle des Starken, tat so, als könnte mich nichts treffen, und verdrängte meine

Gefühle. Da ich niemandem meine Angst zeigte, war ich in diesen Situationen ganz auf mich allein gestellt. Ich bat nie um Hilfe, aus Scham und der Angst, belächelt zu werden. Ich redete mir ein, dass ich zu stark sei, um gemobbt zu werden. Doch was glaubt ihr, wie viel ich kämpfen musste, um dieser Einstellung gerecht zu werden?

Mit der Zeit legte sich das. Die Pubertät war vorbei, mein Verhalten entwickelte sich positiv. Trotz allem hatte ich stets eine empathische und verständnisvolle Seite. Einige sagten mir sogar, dass ich, wenn man mich näher kannte, sehr liebevoll und gar nicht so schlimm war, wie ich manchmal wirkte.

Meine Abiturzeit war meine bisher schönste. Ich hatte ein tolles Umfeld, viel Spaß in der Schule und fühlte mich endlich angekommen. Nach dem Abitur schrieb ich mich an der Universität ein. Doch außerhalb des geschützten Rahmens Schule traten alte Verhaltensmuster hervor. Im Studium entwickelten sich Zwangsgedanken, ausgelöst durch Versagensängste und Selbstzweifel. Ich glaubte, niemandem davon erzählen zu dürfen, aus Angst, man könne mir das Studium verwehren.

Ich zog mich sozial zurück, sprach kaum mit Menschen und floh in mein Zuhause, statt soziale Kontakte zu knüpfen. Die Angst vor Ablehnung war zu groß. Ich erkannte aber auch, dass ich selbst Verantwortung für diese Entwicklung trug. Manche Konflikte hatte ich mit provoziert, doch manches, was mir angetan wurde, war unverhältnismäßig grausam.

Mit der Zeit gewannen meine Zwangsgedanken die Oberhand, und ich begann eine Therapie. Dort begann meine Reise zu mir selbst. Schon früh interessierten mich Physik, Psychologie und Philosophie. In der Therapie lernte ich viel über mich selbst und den Menschen allgemein. Mein erster Therapeut war ruhig und geduldig. Ich stellte mir Therapie praktischer vor, doch ich lernte, dass wir bereits mit meinen Emotionen arbeiteten, ohne dass ich es merkte. Schritt für Schritt machte ich Fortschritte, auch wenn ich nicht immer verstand, warum. Dennoch ließ ich mich darauf ein und vertraute darauf, dass er wusste, was er tat. Wir führten einige Gespräche, in denen ich meine Zweifel äußerte oder ihm offen sagte, dass ich mir den Verlauf anders vorgestellt hatte. Trotzdem war ich stets bereit, an mir zu arbeiten, und zeigte großes Engagement in der Therapie.

Mittlerweile verstehe ich, was er gemacht hat und wie alles funktioniert, und bin ihm dafür umso dankbarer. Auch wenn ich lange nicht nachvollziehen konnte, was wir genau taten, spürte ich allmählich Fortschritte: Es ging mir besser, ich fühlte mich zunehmend wohler.

Obwohl ich nicht immer wusste, warum, war das letztlich nebensächlich – Hauptsache, es ging mir besser. Die Art der Therapie erinnerte mich stark an den Ansatz des Somatic Experiencing von Peter Levine, was mich überraschte, da diese Methode in Deutschland nicht von der Krankenkasse übernommen wird. Dennoch gab es viele Parallelen in der Gestaltung der Sitzungen.

Als meine Stunden endeten und mein Therapeut seine Ausbildung abgeschlossen hatte, arbeitete er nicht mehr im Institut. Wir konnten jedoch meine Therapie verlängern, und ich bekam eine neue Therapeutin. Von Anfang an verstanden wir uns großartig. Schon im ersten Gespräch spürte ich, dass ich mit ihr arbeiten wollte und wir ähnliche Denkweisen teilten.

Die Therapie mit ihr verlief jedoch nicht so reibungslos. Sie hatte besseren Zugang zu meinen verletzten Anteilen, die sich oft zu schnell zeigten. Dadurch musste ich häufig mit intensiver Angst kämpfen, weil ich meine Emotionen damals nicht regulieren konnte.

Ich verlangte einerseits, in emotionale Verletzungen einzutauchen, war aber andererseits überfordert mit dem, was hochkam – oft führte das zu Panik- oder Angstzuständen. Meine Therapeutin versuchte, das Tempo zu drosseln, aber ich war so getrieben, dass ich "mit dem Kopf durch die Wand" wollte. Meine Angst machte mich blind, und ich vertraute ihr nicht genug.

Oft wich ich unangenehmen Gefühlen aus und projizierte vieles auf sie. Egal, was sie tat, es erschien mir nie richtig. Doch sie blieb geduldig und fürsorglich, glaubte immer an mich, und gemeinsam überwanden wir diese Schwierigkeiten. Heute weiß ich, dass ich damals viele Emotionen verarbeitet habe – mehr, als ich zunächst dachte.

Der Wendepunkt dieser Therapie war, als ich mit Yoga angefangen habe. Dort habe ich zum ersten Mal bewusst gespürt, wie man Emotionen fühlt und integriert. Yoga wirkt sehr beruhigend auf das Nervensystem und aktiviert den Parasympathikus – den Teil des

Nervensystems, der für Entspannung und das Empfinden von Sicherheit zuständig ist.

Ab diesem Zeitpunkt verstanden wir uns wieder sehr gut, und die Sitzungen wurden von Mal zu Mal besser. Wir konnten schließlich Erfolge feiern, und ich konnte sogar selbst sagen, dass ich zufrieden war. Ich war zuvor so getrieben, Leistung zu erbringen, dass ich mich oft als Versager oder schwach empfand, weil ich vermeintlich keine Fortschritte machte und nur noch Angst verspürte. Dabei bemerkte ich gar nicht, wie häufig ich mich meinen Ängsten stellte und sie nach und nach überwand.

Ich durfte auch lernen, dass Veränderungen sich oft schleichend vollziehen und man sie erst viel später wahrnimmt. Als die Therapie schließlich endete, war ich sehr traurig, da mir meine Therapeutin ans Herz gewachsen war. Doch gleichzeitig ging es mir gut, und wir hatten beide hart dafür gearbeitet. So konnten wir dankbar und mit einem guten Gefühl die Therapie abschließen.

Ich möchte hier ausdrücklich betonen, dass Therapie eine sehr gute Sache ist! Ich hatte das Glück, zwei wunderbare Therapeuten zu haben, von denen ich viel lernen durfte. Sie waren engagiert und werden sicherlich noch vielen Menschen helfen. Ja, die Psychotherapie muss sich weiterentwickeln und ist nicht perfekt, aber sie bietet viele wertvolle Ansätze und kann viel bewirken – vorausgesetzt, man nutzt sie richtig. Der Erfolg einer Therapie oder eines Coachings liegt letztlich in der Verantwortung des Patienten oder Klienten selbst. Therapeuten oder Mental Coaches sind Begleiter, doch nur du selbst kannst deine Verletzungen durchleben und heilen – wenn du es wirklich willst. Du musst das nicht tun, aber wenn du wirklich zu dir selbst finden möchtest, dann schau hin. Du kannst das bewältigen, und es lohnt sich.

Nach dem Ende meiner Therapie hatte ich endlich Zugang zu meinen Emotionen, wusste aber, dass noch ein langer Weg vor mir lag. Ich wusste, dass ich weiter an mir arbeiten durfte, aber ich wusste nicht, wie. Dann erhielt ich auf Instagram die Nachricht, dass ein YouTuber, dem ich folgte, eine Ausbildung zum Meditationslehrer anbot. Ich spürte sofort, dass ich dieses Angebot annehmen musste.

Lustigerweise hatte ich meiner Therapeutin kurz vor dem Ende unserer Therapie gesagt, dass ich mir Peter Beer als Vorbild nehmen wollte, weil er so viel Gelassenheit ausstrahlte und ich von ihm lernen wollte. Genau in dem Moment, als meine Therapie endete, startete er seine Meditationslehrerausbildung.

Eine Woche später befand ich mich bereits in einem Online-Kurs und begann mit dem ersten Thema der Ausbildung. Meditation hat mein Leben grundlegend verändert. In diesem Buch werde ich all mein Wissen weitergeben, das ich in der Therapie und in der Meditationslehrerausbildung gesammelt habe. Das war meine Geschichte. Jetzt wünsche ich dir viele neue Erkenntnisse und viel Freude beim Lesen dieses Buches.

Wie Meditation und Achtsamkeit euch helfen können, ein glücklicheres Leben zu führen

Um in unserem Leben etwas verändern zu können, müssen wir zunächst verstehen, dass wir eine neue Perspektive auf unser Leben benötigen, um unsere alten Muster überhaupt erkennen zu können. Diese neue Sichtweise können wir durch Meditation und Achtsamkeit erlangen.

Achtsamkeit hilft uns, uns im Hier und Jetzt zu verankern und unsere Gedanken sowie Situationen neu zu betrachten. Indem wir lernen, uns selbst achtsam zu beobachten, beginnen wir, unsere destruktiven Muster und Glaubenssätze im Alltag zu erkennen. Dadurch können wir sie hinterfragen und auf ihre Wahrheit prüfen.

Lasst mich zunächst erklären, wie unser Ich-Gefühl entsteht. Dieses sogenannte psychologische Ich wird in der spirituellen Szene oft als Ego bezeichnet. Das psychologische Ich braucht ein "Du", um ein Ich-Gefühl entwickeln zu können. Als Baby haben wir daher noch kein ausgeprägtes Ich-Gefühl.

Unser Ich wird stark durch unser Umfeld geprägt und konditioniert. Diese Konditionierungen haben in der Kindheit unser Überleben gesichert und sind tief in unserem Selbstbild verankert. Da wir als Kinder auf unser Umfeld angewiesen sind, übernehmen wir die

Überzeugungen unserer Eltern ungefiltert – auch deren destruktive Muster werden so zu unseren eigenen.

Das kindliche Gehirn ist besonders neuroplastisch, was bedeutet, dass es sich leicht anpasst. Wurden unsere Grundbedürfnisse in der Kindheit vernachlässigt, lernen wir, dass die Welt unsicher ist, dass wir nicht vertrauen können oder dass wir nicht wichtig oder nicht gut genug sind. Kinder können noch nicht differenzieren und beziehen alles auf sich selbst. Dadurch verstehen wir nicht, dass die Probleme anderer auf uns projiziert wurden, sondern glauben, wir seien verantwortlich.

So entstehen nach und nach tief verwurzelte Glaubenssätze, die wir verinnerlichen und für wahr halten. Da unser psychologisches Ich ein Gegenüber braucht, um sich selbst zu definieren, versuchen wir auch als Erwachsene unbewusst im Außen unser psychologisches Ich zu bestätigen. Unsere inneren Glaubenssätze werden so zu einer sich selbst erfüllenden Prophezeiung, die unser Gefühl, nicht gut genug zu sein, ständig bestätigt.

Doch es gibt einen Ausweg aus diesem Kreislauf – die Meditation!

Meditation lehrt uns, den Dingen so zu begegnen, wie sie wirklich sind, und nicht so, wie sie in unseren Vorstellungen existieren. Sie hilft uns, uns selbst zu hinterfragen und tiefer zu verstehen. In der Stille der Meditation beginnen wir, unsere Glaubenssätze und emotionalen Verletzungen zu erkennen und Schritt für Schritt zu heilen.

Das Schöne an Achtsamkeit ist, dass sie uns eine wichtige Pause schenkt – nämlich die Pause zwischen Impuls und Reaktion. Der Grund, warum sich viele Situationen in unserem Leben wiederholen oder wir uns immer wieder in ähnlichen Mustern wiederfinden, liegt darin, dass wir auf bestimmte Reize stets mit denselben Reaktionen antworten. Diese Reaktionen haben wir als Kinder erlernt, um unser Überleben zu sichern.

Durch regelmäßiges Achtsamkeitstraining können wir diese Reize – oder auch Trigger – erkennen und herausfinden, was hinter unserem Verhalten steckt. Wir können uns fragen: Was glaube ich in solchen Situationen? Was versuche ich mit meinem Verhalten zu vermeiden? Wovor möchte ich mich schützen?

Wenn wir unsere Glaubenssätze und die zugrunde liegenden Emotionen identifiziert haben, können wir sie aus einer neuen Perspektive betrachten – nämlich aus unserem erwachsenen Ich heraus. So gelingt es uns, emotionale Verletzungen, die damals entstanden sind, zu integrieren und loszulassen. Dadurch können wir neue, konstruktive Glaubenssätze entwickeln, die uns helfen, bessere Lösungen für herausfordernde Situationen zu finden.

Ohne Achtsamkeit bleiben wir mit unseren Glaubenssätzen und emotionalen Verletzungen identifiziert. Dies nennt man auch ich-synton. Durch das wiederholte achtsame Beobachten in der Meditation können wir jedoch diese Identifikation lösen. Glaubensmuster, die zuvor ich-synton waren, werden ich-dyston – das bedeutet, wir distanzieren uns von ihnen und erkennen, dass viele unserer Gedanken nicht der Wahrheit entsprechen.

Ein wesentlicher Aspekt dabei ist, unsere Gedanken und Emotionen ohne Bewertung zu beobachten. Wie bereits zuvor beschrieben, lehrt uns Meditation, die Dinge so zu sehen und zu akzeptieren, wie sie sind – und nicht so, wie wir sie gerne hätten. Denn die Welt entspricht nicht immer unseren Vorstellungen oder Wünschen. An diesen Vorstellungen festzuhalten und die Realität zu verurteilen, verursacht unser Leid.

Doch was ist Leid überhaupt?

Es gibt eine einfache Formel, um Leid zu verstehen:

Leid = Schmerz + Widerstand

Das bedeutet: Jedes Mal, wenn du leidest, leistest du inneren Widerstand gegen etwas in deinem Leben. Dieser Widerstand entsteht in deinem Geist und führt dazu, dass du leidest. Würdest du diesen Widerstand aufgeben und das Leben so annehmen, wie es gerade ist, würde sich das Leid automatisch auflösen.

Das bedeutet nicht, dass es in deinem Leben keine unangenehmen Dinge mehr geben wird. Doch du wirst in Frieden mit ihnen leben und erkennen, dass sie zum Leben dazugehören. Dein Verstand wird sich nicht länger auf das Negative fokussieren, sondern du wirst beginnen, die positiven Aspekte deines Lebens bewusster wahrzunehmen.

Das bedeutet auch, dass du lernst, dich selbst so anzunehmen, wie du wirklich bist. Du hörst auf, so zu sein, wie du glaubst, sein zu müssen, und beginnst, dich selbst vollkommen neu kennenzulernen. Du lernst, deine eigenen Bedürfnisse wahrzunehmen, zu erkennen, was du magst und was du nicht magst, und vor allem, dich selbst so zu akzeptieren, wie du bist.

Du wirst verstehen, warum du so bist, wie du bist, und erkennen, wie gut du dich in deiner Kindheit beschützt hast. Gleichzeitig wirst du selbstbestimmt entscheiden können, welche Muster du nicht mehr benötigst und loslassen möchtest.

Meditation ist ein Weg zur Selbstliebe. Wenn du aufhörst, dich selbst zu verurteilen, dich nicht mehr für dich selbst schämst und begreifst, dass vieles von dem, was du damals erlebt hast, nichts mit dir zu tun hatte – wenn du erkennst, dass du niemals falsch warst –, dann wirst du auch in der Lage sein, dich so zu lieben, wie du wirklich bist. Die Vorstellung, dass du falsch bist, ist die größte Lüge, die man dir erzählt hat. Du darfst entdecken, dass das nicht der Wahrheit entspricht.

Meditation bedeutet, deine eigene Wahrheit zu finden. Das Schöne daran ist, dass wir sowohl in der Meditation als auch in der Psychotherapie davon ausgehen, dass wir die Antworten tief in uns bereits kennen. Alles, was Therapeuten oder Begleiter tun, ist, uns so lange zu unterstützen, bis wir diese Antworten selbst gefunden haben und die Veränderung aus eigener Kraft einleiten.

Ja, du hast richtig gelesen: Alles, was du brauchst, trägst du bereits in dir. Jetzt darfst du lernen, dir selbst zuzuhören, dir zu vertrauen – und dadurch auch dem Leben wieder mehr Vertrauen zu schenken.

Wie funktioniert unser Unterbewusstsein?

Um zu verstehen, wie wir Veränderungen in unserem Leben bewirken können, ist es wichtig zu begreifen, wie wir und unsere Psyche überhaupt funktionieren. Dazu stelle ich dir eine einfache Frage: Was ist für jede Spezies das Allerwichtigste im Leben? Die Antwort fällt vermutlich leicht: Es ist das Überleben.

Jedes Lebewesen hat den inneren Antrieb zu überleben und schützt dieses mit allen Mitteln. Um zu verstehen, wie unser Gehirn für unser Überleben sorgt, lohnt sich ein Blick auf seinen Aufbau und die verschiedenen Funktionen.

Unser Gehirn besteht aus mehreren Bereichen:

- **Das Stammhirn (Reptiliengehirn):** Es steuert alle überlebenswichtigen Funktionen, wie Atmung, Herzschlag und Reflexe – vollkommen unbewusst.
- **Das limbische System:** Dieser Teil ist für unsere Emotionen verantwortlich.
- **Der Neokortex:** Hier sitzt unser Verstand, doch die meisten Entscheidungen treffen wir unbewusst oder emotional.

Um dies zu verdeutlichen: Rund 95 % unserer Entscheidungen treffen wir unbewusst, nur 5 % rational. Unser Leben wird also größtenteils vom Unterbewusstsein und unseren Emotionen gesteuert – nicht von rationalen Überlegungen.

Unser Bewusstsein wird wiederum vom Unterbewusstsein beeinflusst. Entscheidungen treffen wir daher danach, was unser Unterbewusstsein als am besten für uns einschätzt. Und was ist das Beste für unser Unterbewusstsein? Richtig, unser Überleben!

Das Unterbewusstsein schützt uns vor Gefahren und vermeidet Situationen, die unser Überleben gefährden könnten. Das schließt auch unangenehme Erfahrungen mit ein. Glaubenssätze und Prägungen, die tief in unserem Unterbewusstsein verankert sind, beeinflussen unser Verhalten auch heute noch als Erwachsene.

Um zu verdeutlichen, wie stark Emotionen unser Leben bestimmen, mache mit dir ein kleines Experiment:

Welche Farbe würdest du wählen: Blau oder Rot?

Frage dich jetzt: Warum hast du diese Farbe gewählt? War es eine rationale Entscheidung? Oder hast du intuitiv die Farbe gewählt, die dir besser gefällt oder mit der du mehr verbindest? Vermutlich war es eine emotionale Entscheidung.

Überlege weiter:

- **Warum übst du deinen aktuellen Beruf aus?**

- **Warum sieht dein Freundeskreis so aus, wie er ist?**
- **Warum hast du genau diese Hobbys?**

Waren all diese Entscheidungen rational durchdacht? Wahrscheinlich nicht. Emotionen bewegen uns mehr als unser Verstand. Jede Entscheidung treffen wir aufgrund einer Emotion, die uns in Bewegung setzt.

Wenn wir jedoch unbewusst leben und nicht nach innen schauen, haben wir wenig Einfluss auf unsere Entscheidungen. Wir wählen unbewusst immer den Weg, der uns am sichersten erscheint, und nehmen uns so die Chance, das Leben in seiner ganzen Fülle zu genießen.

Unser Unterbewusstsein funktioniert noch immer wie in der frühen Menschheitsgeschichte. Dieses Wissen kann uns helfen, bewusster zu leben und unser Verhalten besser zu verstehen.

Das bedeutet, dass vieles, was früher eine reale Gefahr darstellte und wovor wir uns schützen mussten, heute keine Bedrohung mehr ist. Unser Unterbewusstsein reagiert jedoch oft noch immer so, als wären diese alten Gefahren präsent. Deshalb dürfen wir unserem Unterbewusstsein beibringen, dass viele dieser Erfahrungen unser Überleben nicht mehr gefährden und wir sie sicher durchleben können.

Emotionen wie Scham, Schuld oder Einsamkeit, die evolutionär bedingt als sehr unangenehm empfunden werden, müssen wir nicht mehr vermeiden. Stattdessen können wir lernen, diese Gefühle zuzulassen und zu verarbeiten. Heutzutage verfügen wir über viel mehr Ressourcen und haben das Privileg, nicht täglich um unser Überleben kämpfen zu müssen. Wir können unser Leben genießen und uns frei entfalten.

Um das zu erreichen, müssen wir unserem Unterbewusstsein signalisieren, dass es loslassen darf und uns nicht mehr ständig schützen muss – denn in vielen Situationen besteht keine wirkliche Gefahr mehr. Daraus ergibt sich: Um in unserem Leben wirklich etwas verändern zu können, müssen wir mit unserem Unterbewusstsein arbeiten. Vor allem sollten wir uns mit unseren Emotionen und Glaubenssätzen auseinandersetzen, denn sie bestimmen maßgeblich, welches Leben wir führen.

Wie aber können wir unserem Unterbewusstsein vermitteln, dass wir nicht mehr in Gefahr sind? Wie können wir wachsen und mehr innere Freiheit spüren?

Die Antwort darauf ist überraschend einfach: Akzeptanz.

Warum ist das so? Je mehr wir uns gegen bestimmte Erfahrungen wehren, desto stärker signalisieren wir unserem Unterbewusstsein, dass diese Situationen gefährlich sind und wir ihnen nicht gewachsen sind. Infolgedessen stuft unser Unterbewusstsein diese Erlebnisse weiterhin als Bedrohung ein. Wir halten unbewusst daran fest, weil unser System glaubt, es müsse uns schützen. Deshalb schenken wir negativen Informationen oft mehr Aufmerksamkeit als positiven – unser Unterbewusstsein richtet den Fokus auf mögliche Gefahren, um unser Überleben zu sichern.

Wenn wir jedoch unserem Unterbewusstsein vermitteln, dass alles in Ordnung ist und wir mit Herausforderungen umgehen können, richtet sich unser Fokus automatisch mehr auf die positiven Aspekte des Lebens. Negative Ereignisse verlieren ihre Dominanz in unserer Wahrnehmung.

Indem wir die Dinge so akzeptieren, wie sie sind, und uns selbst Sicherheit geben, signalisieren wir unserem Unterbewusstsein, dass wir stärker sind als unsere Emotionen. Wir zeigen uns selbst, dass wir fähig sind, schwierige Situationen zu bewältigen, und müssen sie nicht länger vermeiden.

In dem Moment, in dem wir uns unseren Ängsten hingeben und sie vollständig akzeptieren, sagen wir uns: "Egal, was jetzt passiert, ich bin sicher und kann damit umgehen."

Wenn unser Unterbewusstsein das erkennt, beginnt es, alte Erfahrungen loszulassen. Damit lösen sich auch die damit verbundenen emotionalen Verletzungen und Glaubenssätze. Dieser Prozess ermöglicht es uns, flexibler in unserem Verhalten zu werden, neue Entscheidungen zu treffen und heilende, korrigierende Erfahrungen zu machen.

Demzufolge ist radikale Akzeptanz essenziell, wenn man tiefsitzende Emotionen integrieren möchte. Es ist der Widerstand gegen die Emotion, der sie aufrechterhält und es ist die Akzeptanz, die sie loslassen lässt.

Aus dieser Akzeptanz entsteht persönliches Wachstum, denn du lernst dich selbst auf eine völlig neue Weise kennen und spürst deutlich, dass du für dich selbst da bist. Du bist derjenige, der sich heute die Liebe schenkt, die er damals gebraucht hätte.

Mit jeder Situation, in der du diesen Prozess durchläufst, wirst du merken, dass du mehr zu dir selbst stehen kannst. Du wirst das Leben mit mehr Gelassenheit und innerer Ruhe erleben. Denn jedes Mal gibst du dir selbst das Signal: "Ich kann das. Ich bin stark. Ich muss nicht mehr ausweichen."

Diese Haltung stärkt dein Vertrauen in dich selbst und hilft dir, alte Muster loszulassen und freier durchs Leben zu gehen.

Das Streben nach Sicherheit

Sicherheit ist ein Grundbedürfnis, das wir Menschen alle haben. Leider ist es jedoch so, dass, wenn dieses Bedürfnis in unserer Kindheit nicht gedeckt wurde, wir uns als Erwachsene nie wirklich sicher fühlen und es uns selten gelingt, uns dem Leben hinzugeben. Wir beginnen, sämtliche Aspekte in unserem Leben kontrollieren zu wollen, aus dem Bedürfnis heraus, uns selbstwirksam zu erleben und das Gefühl von Sicherheit zu erlangen.

Doch in diesem Fall merken wir nicht, was wir uns dadurch alles nehmen. Wir befinden uns in einem ständigen Kampf, immer auf der Hut nach neuen Gefahren und getrieben von der Angst, die Kontrolle zu verlieren und uns wieder so hilflos und verletzlich zu fühlen wie damals in unserer Kindheit, als wir so sehr das Gefühl von Sicherheit gebraucht hätten.

Das Traurige dabei ist, dass wir bereit sind, für dieses Gefühl von Kontrolle und Sicherheit einiges zu opfern, denn Sicherheit dient dem Überleben. Doch zu leben bedeutet auch, Risiken einzugehen. An dem Tag, an dem du geboren wurdest, hast du angefangen zu sterben – deine Uhr tickt, und deine Zeit ist kostbar. Dennoch versuchen wir heutzutage zwanghaft, alles zu kontrollieren, und verlieren dabei eine sehr wichtige Ressource: **Vertrauen, Gelassenheit, Hingabe, Leben**.

„Vertrauen ist gut, Kontrolle ist besser" – dieser Satz wurde wohl von einem sehr ängstlichen Menschen geschrieben. Was bedeutet Vertrauen eigentlich? Vertrauen bedeutet, sich selbst die Sicherheit zu geben, die man braucht. Wer kontrolliert, hat Angst. Er lebt in der ständigen Furcht, dass ihm etwas passiert, was ihn überfordert, dass ihm etwas zustößt, was er nicht bewältigen kann. Man selbst ist verunsichert und versucht, diese Unsicherheit mit Kontrolle zu kompensieren.

Das weiß ich nur zu gut, denn ich habe immer alles versucht zu kontrollieren. Ich habe versucht, meine Gedanken zu kontrollieren, meine Emotionen zu kontrollieren – einfach nur aus der Angst heraus, etwas falsch zu machen. Aus der Angst heraus, meine Freunde zu verlieren, aus der Angst heraus, nicht gut genug zu sein und nicht wichtig genug zu erscheinen.

Wisst ihr, wie hart das Leben war, immer gegen alles zu kämpfen und alles zu tun, nur um ein bisschen Sicherheit zu spüren? Es war schwer, und oft habe ich gar nicht bemerkt, dass genau diese Art der Kontrolle manchmal andere Menschen verschreckt hat, weil man mich nicht einschätzen konnte. Mein erster Therapeut sagte mir einmal, dass ich nicht immer für alles einen Plan brauche und dass ich nicht immer alles wissen muss, wenn ich etwas anfange.

Ich habe damals nicht wirklich verstanden, was er mir damit sagen wollte. Viel zu groß war das Risiko zu versagen. Wenn nicht alles perfekt geplant ist, wer wird mir dann garantieren, dass es funktioniert? Wer wird mir garantieren, dass ich nicht scheitern werde? Wer wird garantieren, dass ich in Sicherheit bin?

Die Antwort darauf ist mal wieder so einfach: Keiner. Doch egal, was passiert, ich kann für mich da sein. Ich kann mir die Sicherheit geben. Warum sollte ich das nicht selbst können? Daran habe ich nie gedacht und lange habe ich das auch nicht geglaubt. Aber die Antwort auf meine Fragen war **ICH**.

Die Wahrheit ist: Wenn wir nur nach Sicherheit greifen, werden wir zwar überleben, aber wir werden nie leben! Wir neigen dazu, Entscheidungen zu treffen, die uns Sicherheit geben. Doch machen uns diese Entscheidungen wirklich glücklich?

Du bist schon seit 10, 20 Jahren in deinem Beruf. Jeden Tag merkst du, dass du unglücklich bist. Jeden Tag wünschst du dir, es wäre endlich Wochenende, und am

Wochenende fürchtest du schon den Montag. Ab und zu kommt der Gedanke auf, einen anderen Job zu haben, aber du müsstest nochmal von vorne anfangen. Du bekommst Angst – in deinem jetzigen Beruf bist du doch sicher! Sicheres Geld, gutes Ansehen, gute Rente – warum also wechseln, warum das Risiko eingehen?

Wer wird dir garantieren, dass du nicht scheiterst? Wer wird dir das Gefühl von Sicherheit geben? Sag mir, wer wird das wohl sein? Und noch eine Frage: Hast du es verdient, glücklich zu sein?

Dies kannst du auch auf andere Themen in deinem Leben replizieren. Hast du eine unglückliche Beziehung? Was möchtest du verändern? Was wolltest du schon immer in deinem Leben tun, hast dich aber bis jetzt nicht getraut, weil es zu riskant schien?

Niemand sagt mir, dass dieses Buch hier Erfolg hat. Ich habe keine Ahnung, was damit passieren wird. Und doch habe ich mich entschlossen, dieses Risiko einzugehen.

Wofür brennst du wirklich? Und wieder die Frage: Wer gibt dir die Sicherheit, dass es klappen kann? Sag mir, wer wird das wohl sein?

Die 4 Ebenen von Meditation

Ebene 1: Deine Atmung

In meiner Meditationslehrerausbildung wurde die Meditation in 4 Ebenen unterteilt:

1. Ebene: Die Atmung
2. Ebene: Das Körperbewusstsein
3. Ebene: Emotionen
4. Ebene: Der Geist

Diese 4 Ebenen werde ich euch nun in diesem Abschnitt des Buches erklären und euch zeigen, wie alle Ebenen miteinander zusammenhängen und nicht voneinander getrennt sind.

Fangen wir nun mit deinem Atem an – eine Sache, die so trivial erscheint und doch so viel für unser Wohlbefinden tun kann. Wenn du lernst, richtig zu atmen, hilfst du deinem Geist und deinem Körper zu regenerieren, und allein mit deinem Atem kannst du schon extrem viel in deinem Leben verändern!

Dein Atem sorgt nicht nur dafür, dass du stets gut mit Sauerstoff versorgt wirst, sondern er hat noch viele andere Funktionen, die du vielleicht noch gar nicht kennst und daher nicht für dich nutzen kannst. Zum Beispiel ist dein Atem immer im Hier und Jetzt – du kannst nicht in die Vergangenheit atmen und du kannst auch nicht in der Zukunft atmen. Deine Atmung findet immer im Hier und Jetzt statt!

Das ist ein riesengroßer Vorteil für dich, denn wie oft ist es so, dass dein Geist in die Vergangenheit abschweift oder in irgendwelchen Zukunftsszenarien sich verliert, die sowieso nie so eintreffen, wie du sie dir ausgedacht hast? Ein Ausweg aus diesem Gedankenkarussell ist dein Atem, denn der ist doch sowieso immer in der Gegenwart. Wann immer du einen Anker brauchst, der dich zurück ins Hier und Jetzt holt, dann nutze deine Atmung bewusst!

Konzentriere dich einmal ganz bewusst auf deine Atmung und du wirst merken, wie dein ganzer Körper für einen Moment runterfahren kann. Du wirst merken, wie deine Gedanken zur Ruhe kommen und du dir selbst eine Pause vom ständigen Grübeln gönnst.

Die Präsenz im Hier und Jetzt ist eine sehr wichtige Sache, denn wenn wir es schaffen, uns in der Gegenwart zu verankern und die Dinge aus der Erwachsenenperspektive zu betrachten, fällt uns plötzlich auf, wie viele unserer Gedanken komplett irrational und absurd sind. Mit dieser Pause zwischen Impuls und Reaktion haben wir einen Raum geschaffen, in dem wir neue Entscheidungen treffen können. Diese Pause zwischen Impuls und Reaktion ist dein Atem!

Dein Atem hat noch andere tolle Funktionen!

Wusstest du, dass dein Atem direkt mit deinem Nervensystem verbunden ist? Du kannst deinen Atem nutzen, um deinem Nervensystem bestimmte Signale zu geben und dir so selbst etwas Gutes zu tun.

Lass mich dir kurz erklären, wie dein Nervensystem funktioniert und was das Ganze nun mit deinem Atem zu tun hat. Dein Nervensystem hat zwei sehr wichtige Funktionen, die für unser Überleben sorgen. Es gibt den Vagusnerv, der aus zwei Zweigen besteht. Der eine Zweig ist der Sympathikus, der dafür zuständig ist, uns zu aktivieren, wenn es notwendig ist. Er ist verantwortlich für den Kampf- oder Fluchtmodus. Dieser ist natürlich bei Gefahren sehr wichtig, um uns verteidigen zu können oder uns zu aktivieren, damit uns die Flucht gelingt, wenn es nötig ist.

Der zweite Zweig ist ebenso wichtig – er nennt sich Parasympathikus. Er ist für unser Sicherheitsempfinden zuständig und lässt uns entspannen.

In unserer heutigen Zeit gibt es eigentlich kaum noch Dinge, die wir wirklich fürchten müssen und viele unserer Ängste beruhen auf irrationalen Glaubenssätzen und schlechten Erfahrungen aus der Kindheit, die wir langsam loslassen dürfen. Viele Situationen, in denen unser Sympathikus aktiviert wird, um uns zu schützen, sind eigentlich sicher, und wir dürfen unserem Nervensystem beibringen, dass es sich entspannen darf, weil wir wirklich sicher sind. Denn ja, wir können unser Nervensystem bewusst ansteuern.

Du fragst dich, wie? Natürlich mit unserer wundervollen Atmung! Indem wir langsamer ausatmen als einatmen, aktivieren wir unseren Parasympathikus, und dieser lässt uns spürbar entspannen. Hierzu gibt es folgende Übung:

4-7-8 Atmung: 10 Minuten

1. Atme 4 Sekunden lang durch die Nase ein.
2. Halte deinen Atem 7 Sekunden lang an.
3. Atme 8 Sekunden lang durch den Mund aus.
4. Spüre, wie sich dein Körper anfühlt!

Du kannst deinen Atem auch 4 Sekunden lang anhalten, falls 7 Sekunden zu lange sind. Wichtig ist, dass du beim Ausatmen bei den 8 Sekunden bleibst! Versuche, diese Übung auch in deinen Alltag zu integrieren!

Du fühlst dich gestresst, bist vielleicht gerade angespannt? Alles ist gut – dein bester Freund ist immer bei dir. Nutze deine Atmung!

Ebenfalls können wir unsere Atmung nutzen, um uns zu aktivieren, falls wir das mal brauchen.

Zum Beispiel, wenn du mal wieder nicht aus dem Bett kommst! Statt dir direkt morgens einen Kaffee zu machen, um irgendwie wach zu werden, nutze doch stattdessen deinen besten Freund, der immer da ist – deine Atmung! Es ist deutlich gesünder für dich, und dein Körper wird es dir danken. Denn wenn wir immer wieder durch Fremdeinwirkungen dafür sorgen, dass wir wach werden, produziert unser Körper nicht mehr die eigenen Ressourcen, die er hat, um uns zu aktivieren, sondern verlässt sich darauf, dass die Aktivierung von außen kommt.

Also statt dir morgens einen Kaffee zu gönnen, versuche doch lieber, deine Atmung zu nutzen, um dich zu aktivieren. Um sich mit der Atmung zu aktivieren, müssen wir nun mehr einatmen als ausatmen.

Übung: Wim Hof Atemtechnik – 3 Runden

Bei der Wim Hof Atemtechnik machen wir pro Runde 30 schnelle Atemzüge. Danach halten wir den Atem für 1 Minute an. Dann atmen wir tief ein und halten die Luft für 15 Sekunden nach der Einatmung an. Nach den 15 Sekunden fängt das Ganze wieder von vorne an. Wenn du magst, kannst du die Luft jetzt 30 Sekunden länger anhalten, nachdem die 30 Atemzüge vorbei sind. Die 15 Sekunden Luftanhalten nach der Einatmung bleiben immer gleich und werden nicht verlängert.

Mach diese Übung regelmäßig am Morgen und spüre in deinen Körper, wie du dich danach fühlst.

Wie du merkst, können wir unseren Atem für sehr viele Situationen nutzen, um uns zu helfen. Ich finde unseren Atem auch deshalb so praktisch, weil er jederzeit da ist. Er ist unser größtes Werkzeug, wenn wir lernen, ihn bewusst zu nutzen.

Eine letzte Übung möchte ich euch noch zeigen, die sich mit unserer Atmung beschäftigt. In einem Experiment hat man herausgefunden, welche Art von Atmung am gesündesten für uns ist und unseren Körper am meisten unterstützt. Dabei hat man festgestellt, dass es besonders gut für unseren Körper ist, wenn unsere Atemzüge beim Ein- und Ausatmen etwa 5,5 Sekunden lang dauern. Dies soll die optimale Zeit sein. Ebenfalls ist es wichtig zu erwähnen, dass die Atemzüge durch die Nase erfolgen sollten.

Wenn wir durch den Mund atmen, erzeugt das Stress in unserem Körper, da die Atmung durch den Mund eine Stressatmung ist. Dieses Signal würde unser Nervensystem entsprechend interpretieren und darauf reagieren. Auch hier sieht man mal wieder, dass Körper und Geist zusammenarbeiten und als ganze Einheit zu betrachten sind.

Die Art und Weise, wie wir atmen, wie wir mit unserem Körper umgehen und welche Körpersprache wir haben – alles wirkt sich auf unsere Psyche aus und hat entweder einen positiven oder negativen Effekt.

Kommen wir nun zur Kohärenten Atmung!

Übung: Kohärente Atmung – 10 Minuten
Diese Übung ist sehr einfach. Konzentriere dich auf deine Atmung. Atme 5 Sekunden lang durch die Nase ein und atme 5 Sekunden lang durch die Nase wieder aus. Wiederhole dies ohne Pause zwischen Einatmung und Ausatmung.

Diese Übung hilft dir, deinen Körper und deinen Geist in Einklang zu bringen und wirkt sich positiv auf dein Nervensystem und Immunsystem aus. Es lohnt sich also, diese Übung in deinen Alltag zu integrieren, um dir selbst etwas Gutes zu tun.

Nun möchte ich euch noch eine persönliche Geschichte erzählen, um euch zu zeigen, wie mir meine Atmung schon geholfen hat, kritische Phasen zu überstehen und wie schnell sich Zustände ändern können, wenn man Bewusstheit in sein Leben integriert.

Ich war mitten in der Therapie und zu dieser Zeit traten viele Emotionen auf, obwohl ich in diesem Moment nur eine Emotion fühlte: Angst. Dass unter dieser oberflächlichen Angst noch tiefere Emotionen lagen, habe ich damals nicht verstanden.

Komischerweise traten viele dieser Emotionen während der Arbeit auf. Ich merkte es daran, dass ich zu dieser Zeit extrem katastrophisierende Gedanken hatte. Oft begann es damit, dass plötzlich Gedanken aufkamen, wie: "Ich werde verrückt und muss bald in eine Klinik" oder "Ich kann nicht mehr" oder "Irgendetwas stimmt nicht mit mir." Diese Gedanken kamen mitten während der Arbeit, manchmal ohne Ankündigung, und ich hatte plötzlich riesige Angst, ohne zu wissen, warum und woher das kam.

Natürlich schämte ich mich sehr für diese Gedanken und vertraute mich niemandem auf der Arbeit an. Stattdessen arbeitete ich weiter und tat so, als wäre alles in Ordnung. Doch innerlich war ich völlig unruhig. Ich hatte große

Angst, weil ich nicht verstand, was mit mir geschah. Seit Beginn der Therapie hatte sich meine Angst nicht verringert, sondern war sogar gewachsen. Viele Dinge fielen mir zuerst schwerer als leichter, und ich wusste nicht, warum.

Ich hatte nicht verstanden, dass ich jetzt all die Emotionen spürte, die ich früher erfolgreich verdrängt hatte. Ich war mir meiner Emotionen bewusster geworden, aber zu diesem Zeitpunkt war mir das nicht bewusst, weil ich nicht verstand, was es bedeutet, zu fühlen.

Ich hatte sogar große Angst davor, all das Chaos in mir zu spüren. Und genau das war auch der Grund für die ganzen schlimmen Gedanken. Schlimme Gedanken sind angenehmer als unangenehmer innerer Schmerz, also versucht unser Verstand, uns mit schlimmen, unangenehmen Gedanken zu helfen, um die Emotionen darunter wieder verdrängen zu können. Darauf werde ich im Kapitel "Emotionen" noch genauer eingehen.

Wie bin ich jetzt also aus dem Gedankenkarussell und der Angst herausgekommen?

Die katastrophisierenden Gedanken wurden immer schlimmer, und ich dachte, ich müsste gleich nach Hause und mir in der Klinik Hilfe holen, weil die Angst so groß wurde. Doch als es am schlimmsten war und die Angst ihren Höhepunkt erreicht hatte, gab es diesen einen bewussten Moment, in dem ich innehielt.

Was habe ich getan? Ich habe meinen besten Freund wiederentdeckt – meinen Anker, den ich jederzeit bei mir habe. Ich habe bewusst geatmet und was habe ich als Nächstes gemacht?

Ich habe mir gesagt, dass alles in Ordnung ist und dass es okay ist.

Keine Ahnung, was ich alles gefühlt habe, aber in diesem einen Moment habe ich mir einfach das Okay gegeben. Und wenn ich verrückt werde, dann ist das eben so – ich lasse es jetzt zu. Ich habe geatmet, und jetzt kommt das Faszinierende: Innerhalb von Sekunden waren die schlimmen Gedanken weg, und all die Angst war verschwunden.

Binnen Sekunden ging es mir wieder gut. Und was habe ich gemacht?
Ich habe bewusst geatmet, mir die Erlaubnis gegeben zu fühlen und den Widerstand gegen die Emotion aufgegeben. Ich habe losgelassen, und plötzlich ging es mir richtig gut. Ich hatte einen schönen Tag.

Denkt ihr, ich habe an diesem Tag wirklich verstanden, was dort passiert ist?
Nein, keine Ahnung. An diesem Tag habe ich es selbst nicht verstanden und habe mich gefragt: Wie kann das sein? Ich hatte gerade eben noch so große Angst, und jetzt ist sie einfach nicht mehr da.

Durch diesen einen bewussten Moment hatte ich mir selbst die Pause gegeben, die ich brauchte.
Die Pause zwischen Impuls und Reaktion. Und durch das

Atmen hatte ich meinem Körper signalisiert: Ich bin sicher. Durch das bewusste Wahrnehmen der Emotion habe ich gemerkt, dass es gar nicht so schlimm war und habe den Mut gefunden, diese Emotion loszulassen.

Das alles ist so schnell hintereinander passiert – es war nur ein Moment, und plötzlich hatte sich mein Zustand von Panik zu "mir geht es gut" gewandelt.

Ohne meine bewusste Atmung hätte ich wahrscheinlich eine Panikattacke bekommen und hätte nach Hause gemusst. Aber zum Glück wusste ich damals schon, wie man seinen Atem nutzen kann, um sich zu beruhigen.

Mittlerweile bin ich geschulter darin, meine Körperempfindungen zu fühlen, ohne zu katastrophisieren.
Ich nutze meinen Atem, warte die Angstreaktion des Körpers ab und spüre, wie die Emotion im Körper steigt. Und wenn wir bewusst bleiben, dann können wir selbst entscheiden, ob wir daran festhalten oder sie endlich loslassen.

Du fragst dich, wie das geht? Das werde ich dir im nächsten Kapitel erklären!

Dein Weg zu dir selbst: Dein Körperbewusstsein!

Kommen wir nun zu einem Thema, das gerade in der westlichen Kultur nicht mehr wirklich eine große Rolle spielt: das Körperbewusstsein.
Im Westen haben wir uns auf den Verstand fokussiert und diesen an erste Stelle gesetzt. Doch wir limitieren uns enorm, wenn wir in unserem Verstand bleiben und unseren Körper außen vor lassen. Denn unser Körper kommuniziert ständig mit uns – nur die meisten von uns nehmen das kaum noch wahr. Viele ignorieren die somatischen Symptome, die unser Körper uns gibt, nur um weiterhin „funktionieren" zu können.

Die logische Konsequenz, die daraus folgt, sind psychische Erkrankungen wie Angststörungen, Depressionen oder Burnout. Tatsächlich ist es so, dass unser Körper sich an mehr erinnert als unser Verstand. Unser Verstand hat nur Zugriff auf die Informationen, die im Bewusstsein sind, jedoch nicht auf das, was in unserem Unterbewusstsein verdrängt wurde. Das bedeutet, dass wir uns in vielen Fällen gar nicht bewusst sind, warum wir auf bestimmte Ereignisse mit Angst reagieren oder warum wir uns für manche Dinge schämen oder schuldig fühlen.

Hast du dich schon einmal in einer Situation erwischt, in der du dich im Nachhinein gefragt hast: „Warum reagiere ich eigentlich so extrem auf diese Situation?"
Ist dir manchmal dein eigenes Verhalten unerklärlich, weil du selbst merkst, dass es übertrieben ist?
Obwohl dir vollkommen bewusst ist, dass deine Reaktion irrational ist, und du vielleicht sogar merkst, dass sie dir

im Weg steht, kannst du nichts daran ändern, oder?
Das liegt daran, dass dein Verstand leider nicht die verlässlichste Quelle ist. Er greift nur auf das zurück, was er gelernt hat, um zu überleben. Andere Verhaltensweisen und Möglichkeiten kennt er zu diesem Zeitpunkt nicht.

Aber es gibt deinen Körper, der sich an vieles erinnert, was in deinem Unterbewusstsein gespeichert ist. Immerhin ist es dein Nervensystem und dein Körper, die so stark auf diese Situationen reagieren!

Wer kennt es zum Beispiel, wenn es am Tisch diesen einen Menschen gibt, der ständig mit dem Bein wippt? Oft bemerkt diese Person gar nicht, dass sie mit ihrem Bein wippt, aber sie scheint so unter Strom zu stehen, dass sie nicht ruhig sitzen kann.
Oder die Person, die vor Prüfungen immer starke Magen-Darm-Probleme hat, Bauchschmerzen bekommt oder sich sogar übergeben muss.
Ich habe zu den Leuten gehört, die oft, wenn ich Angst hatte und nervös war, Bauchschmerzen bekamen. War der Druck sehr groß, gab es sogar Situationen, in denen ich mich übergeben musste.

Wir können die Symptome noch weiterführen: Kopfschmerzen, Verspannungen, Schlafstörungen, Müdigkeit, innere Unruhe – all das sind Signale deines Körpers, die dich auf etwas aufmerksam machen wollen. Doch was machen wir?

Wir wollen doch nur eines, oder?
Wir müssen weiterarbeiten, wir müssen weiterlernen, wir

müssen weiterfunktionieren!
Für Emotionen ist da kein Platz!
Die Körperempfindungen, die uns die ganze Zeit warnen, nehmen wir einfach in Kauf. Wir denken, das wird schon irgendwann wieder weggehen.
Schmeißen uns schnell ein paar Schmerzmittel ein, trinken vielleicht eine Flasche Bier vor dem Schlafengehen oder besorgen uns andere Substanzen, die uns das Verdrängen erleichtern.
Ich meine, Marihuana ist doch jetzt legal – perfekt, eine weitere Substanz, die wir uns reinziehen können, um uns nicht unseren Problemen stellen zu müssen und alles zu verdrängen. Hauptsache, die Wirtschaft profitiert.

Wie ihr seht, haben wir mittlerweile einen wirklich schlechten Bezug zu unserem Körper, obwohl er uns die ganze Zeit helfen will!
Wir gehen immer ungesünder mit uns selbst um, da ist es doch kein Wunder, dass wir immer häufiger erkranken und die emotionalen Probleme immer mehr werden.
Körper und Geist bilden eine Einheit – diese zu trennen, ist ein fataler Fehler!

Ebenfalls ist es wichtig zu verstehen, dass eine Form des Verdrängens das Grübeln selbst ist.
Wir haben uns teilweise in unseren Verstand zurückgezogen, um eben nicht mehr zu fühlen, was unser Körper uns sagt.
Das Grübeln soll uns Sicherheit geben; es lässt uns glauben, dass wir die Situation im Griff haben. Dabei merken wir gar nicht, dass wir eigentlich nur von der Angst vor unseren Emotionen und unserem eigenen Körper getrieben werden.

So sind es das ständige Grübeln und das Davonlaufen, die uns in einem immer wiederkehrenden Kreislauf gefangen halten, in dem wir immer und immer wieder das Gleiche erleben, ohne zu verstehen warum.
Stichwort: Reinszenierung.
Der Weg aus diesem Kreislauf ist Bewusstsein – und vor allem unser Körperbewusstsein.
Wenn wir lernen, unserem Körper zu vertrauen und ihm einfach mal zuzuhören, statt die Symptome ständig zu verdrängen, dann werden wir schnell merken, wie viel Gutes in diesen Symptomen steckt.

Unser Körper will uns nichts Böses, sondern er möchte heilen!
Er weiß ganz genau, was du damals als Kind für Erfahrungen gemacht hast, und steckt in diesen Erfahrungen fest! Warum ist das so?
Der Grund dafür ist, dass verdrängte Emotionen im Körper gespeichert werden. Somit ist es auch unser Körper, der zuerst reagiert, und der Verstand zieht nach mit katastrophalisierenden Gedanken, um uns vor den Emotionen zu schützen, die damals als Kind zu intensiv waren.
So werden die Emotionen im Körper „eingefroren", damit sie uns nicht überfluten und keine Gefahr mehr darstellen.
Wenn wir unser Körperbewusstsein zurückerlangen, können wir diese Anspannung in unserem Körper wieder bewusst wahrnehmen und unserem Körper die Chance geben, zu heilen.
Der Vorteil dabei ist: Je mehr du es schaffst, das Grübeln abzulegen und deinem Körper zu vertrauen, desto mehr gibst du deinem Nervensystem eine Pause, und es kann

sich regulieren.
Ein reguliertes Nervensystem hat einen positiven Effekt auf deinen Körper. So kann beispielsweise dein Immunsystem sich mehr regenerieren, und es hat ebenfalls positive Auswirkungen auf deine Stimmung. Denn ein dysreguliertes Nervensystem erzeugt die ganzen negativen Symptome wie innere Unruhe, depressive Verstimmungen, Schlafstörungen und so weiter.
Ressourcen wie das Gefühl von Sicherheit, Dankbarkeit und Lebensfreude lassen sich im Körper viel einfacher verankern, denn sie entstehen ja auch im Körper.

Nun lass uns die erste praktische Übung angehen, um uns wieder mit unserem Körper zu verbinden.

Übung: Der Bodyscan – 10 Minuten

Such dir einen Ort, an dem du ungestört bist, und setze dich entspannt hin.
Nimm drei tiefe Atemzüge.
Schließe deine Augen und spüre die Druckpunkte: den Boden unter deinen Füßen, die Sitzfläche unter deinem Gesäß, die Arme auf deinen Beinen.
Nun scanne deinen Körper von oben nach unten.

Erspüre, wie sich dein Körper anfühlt – wichtig: fühlen, nicht denken!
Oft ist es so, dass wir uns vorstellen, wie sich ein Arm anfühlt, aber das ist nicht fühlen, das ist denken.
Spüre deinen Körper!
Spüre, wo du dich wohlfühlst und wo es sich unangenehm anfühlt.
Nimm die Dinge wahr, ohne sie zu verändern.
In allem, was wir in einer Meditation tun, lassen wir die Bewertung außen vor und schauen, was passiert.
Denk daran: Meditation bedeutet, dem zu begegnen, was gerade ist.
Es gibt kein richtig und kein falsch!

Anspannung erkennen und loslassen

Als Nächstes wollen wir das Wahrnehmen und Spüren von Körperempfindungen noch etwas intensivieren.
Denn als Erstes, wenn wir zu unserem Körper zurückfinden, werden wir nicht sofort die emotionale Qualität in unserem Körper wahrnehmen, sondern eher innere Unruhe, Anspannung, Enge und Verspannungen.
Wir spüren also Körperempfindungen, denen wir auf den Grund gehen dürfen.
Es ist sehr wichtig, sich den Körperempfindungen zu widmen, denn dort stecken viele Informationen, die uns helfen, zu heilen und auf eine tiefere Ebene zu gelangen – die Ebene der Emotionen.
Um dieses Bewusstsein zu entwickeln, müssen wir jedoch zunächst verstehen, wann wir angespannt sind und wann wir entspannt sind.
Das mag auf den ersten Blick etwas sein, bei dem viele denken: „Ich weiß doch, wann ich mich unwohl fühle

und wann nicht. Davon bin ich mir schon vollkommen bewusst."
Jedoch ist die Realität oft eine andere!
Heutzutage glauben wir, dass es nicht in Ordnung ist, Ängste zu zeigen oder zu zeigen, dass wir unsicher sind. Was machen wir also in den Situationen, in denen wir Angst empfinden?
Wir fangen an, diese Empfindungen zu unterdrücken. Manche machen das schon so lange, dass sie gar nicht mehr wissen, in welchen Situationen sie sich wirklich sicher fühlen und wann sie sich zu etwas zwingen müssen – innerlich kämpfen sie ständig gegen sich selbst, um den Widerstand zu überwinden.
Sie sind so daran gewöhnt, angespannt zu sein, dass es für sie ein Normalzustand geworden ist und sie daher gar nicht mehr merken, wie angespannt sie eigentlich wirklich sind.
Deshalb ist es so wichtig, wieder ein Gespür dafür zu entwickeln, wann wir uns angespannt und wann wir entspannt fühlen.
Wenn wir dieses Gefühl wieder bewusster wahrnehmen, können wir den nächsten Schritt gehen und der Anspannung auf den Grund gehen. Warum bin ich in bestimmten Situationen angespannt? Was will mir mein Körper sagen?
Und schon sind wir auf der emotionalen Ebene angekommen, wo wir dann anfangen, wirklich etwas zu verändern!

Aber zunächst gebe ich dir eine Übung, die dir hilft, deine Anspannung im Körper bewusst wahrzunehmen.

Übung: Anspannung wahrnehmen und loslassen
Diese Übung lässt sich im Liegen leichter durchführen, also lege dich entspannt hin.
Du wirst jetzt bewusst bestimmte Körperteile anspannen und diese Spannung für mindestens 20 Sekunden halten. Wichtig dabei ist: Nimm wahr, was an den bestimmten Körperteilen passiert.
Nimm wahr, wie sich die Anspannung zeigt – Enge, Wärme, Zittern – alles, was du in dem Moment empfindest, nimmst du wahr.
Nachdem du die 20 Sekunden durchgehalten hast, lässt du die Anspannung los und entspannst das angespannte Körperteil.
Auch hier nimmst du dir mindestens 20 Sekunden Zeit, um zu spüren, wie sich das jeweilige Körperteil anfühlt, wenn es entspannt ist.
Nimm wahr, wie sich Entspannung anfühlt!
Du beginnst mit dem rechten Arm und dann mit dem linken Arm.
Danach führst du die Übung fort, von oben nach unten: Gesicht, Nacken, Brust, Bauch, Gesäß, rechtes Bein, linkes Bein.
Nachdem du alle Körperteile durchgegangen bist, bleibe noch eine Weile in der Entspannung liegen und nimm deinen ganzen Körper wahr.
Sei dir deines Körpers vollkommen bewusst und nimm wahr, wie sich dein Körper nun anfühlt!

Nutze deinen Körper, um dich zu erden und deinem Körper wieder zu vertrauen!

Nun möchte ich noch eine persönliche Geschichte mit dir teilen!

Es ist wichtig zu verstehen, dass, wenn wir beginnen, unseren Körper wieder zu spüren, dies zu Irritationen führen kann. Oft haben wir große Angst vor unseren körperlichen Empfindungen, weil wir sie so lange erfolgreich verdrängt haben. Wenn sie dann wieder auftauchen, fangen wir manchmal an zu glauben, dass mit uns etwas nicht stimmt. Zumindest war das bei mir so.

Als ich mit meiner Therapeutin zu arbeiten begann und langsam (oder manchmal auch gar nicht so langsam) zu meinen Körperempfindungen zurückfand, konnte ich das anfangs kaum aushalten. Alles überforderte mich und machte mir Angst. Plötzlich fühlte ich mich bei Dingen unsicher, die ich vor der Therapie noch problemlos gemeistert hatte.

Traumatherapie ist eine sehr intensive Therapie, bei der man unbedingt darauf achten muss – ja, ich sage ausdrücklich „muss" – dass man langsam voranschreitet und seine Kapazitäten respektiert.

Ich war verunsichert und erlebte Panikattacken, weil ich mich so stark gegen die Körperempfindungen wehrte. Ich hatte noch kein Sicherheitsgefühl und kein Vertrauen zu meinem Körper aufgebaut, da ich diese Empfindungen so lange verdrängen musste, weil sie damals als Kind für mich nicht sicher waren.

Das ging so weit, dass meine Therapeutin, die alles tat, um mir zu helfen, und ich beschlossen, dass ich für acht Wochen in eine psychosomatische Klinik gehen sollte, um zu lernen, mit meinen Angstsymptomen umzugehen.

Die Therapie war zwar sehr hilfreich, aber das stationäre Setting ist nicht für jeden geeignet und kann sehr überfordernd sein.

Denn emotionale Verletzungen entstehen in Bindungen. Ich kam mit bestimmten Bindungsschemata in diese Klinik, und diese Schemata zeigten sich zusätzlich zu meinen anderen Symptomen.

Ich denke, das ist eines der größten Probleme bei einer stationären Behandlung: Dort treffen viele Menschen aufeinander, die unterschiedliche Bindungsschemata haben und sich gegenseitig triggern. Dies kann dazu führen, dass man nie wirklich einen Rückzugsort hat, an dem man regenerieren und eine Pause machen kann.

Natürlich hat die Gemeinschaft auch ihre positiven Seiten – man geht nicht alleine durch seinen Schmerz und lernt Menschen kennen, die einen unterstützen. Diese Bindungen können sehr heilsam sein. Aber es gibt auch die Kehrseite: Die Gefahr, dass sich Ereignisse „reinszenieren", was für einen Patienten sehr anstrengend sein kann.

In dieser Zeit reagierte mein Körper stark. Es kam dazu, dass mein Körper auf zu intensive Emotionen mit Übelkeit oder starkem Würgen reagierte. Mein ganzer Körper wehrte sich gegen die Emotionen und ich hatte keinerlei Kontrolle darüber – es passierte einfach.

Nach den acht Wochen intensiver Therapie kehrte ich zurück, und es ging mir gefühlt schlechter als vorher. Ich war völlig erschöpft. Die Zeit war zwar trotzdem wertvoll, aber so viel war passiert, dass ich nach Hause musste, weil ich glaubte, dort würde es mir besser gehen.

In dieser Zeit erlebte ich leider auch einen Schicksalsschlag in der Familie. Irgendwann war das alles zu viel und ich wollte zurück nach Hause, um mit meiner Familie zu trauern und einen Rückzugsort zu haben, an dem ich auch mal alleine sein konnte.

Zu dieser Zeit hatte ich jedoch immer noch eine Stütze, die mir immer wieder Kraft gab: meine Therapeutin. Ich wusste, dass es gerade sehr schwer war, aber ich wusste auch, dass ich es schaffen würde. Und vor allem wusste ich, dass wir als Team das schaffen würden.

Auch wenn wir uns zuerst wieder einfinden mussten und wir uns auch mal stritten, weil ich nicht mehr weiter wusste und ungeduldig wurde, waren wir trotzdem immer ein Team. Denn keiner von uns hat aufgegeben, und darauf können wir beide stolz sein – denn ich glaube, dass wir an dieser Erfahrung beide gewachsen sind.

Es gab dann einen Moment, der die Therapie in eine völlig neue Richtung lenkte, und an dem ich mich das erste Mal sicher mit meinen Emotionen fühlte.
Das war der Moment, als ich mit traumasensitivem Yoga begann.

Traumasensitives Yoga ist eine Form von Yoga, die für jeden leicht auszuführen ist, da hier großer Wert darauf gelegt wird, dass man selbstbestimmt ist. Jeder darf die Übungen so ausführen, wie er es kann. Diese Übungen zielen darauf ab, sich sicher und gehalten in seinem Körper zu fühlen.

Der Vorteil von Yoga ist, dass es uns erdet. Und Erdung bedeutet auch automatisch, die Präsenz im Hier und Jetzt zu stärken und somit unser Erwachsenen-Ich zu stärken.

Das bewusste Fühlen meines Körpers und die verschiedenen Haltungen, die mir Sicherheit gaben, ermöglichten es mir, meine Körperempfindungen einfach so zu lassen, wie sie sind. So durfte ich erkennen, dass ich gar nicht in Gefahr war, dass alles in Ordnung war, und so konnte ich zum ersten Mal wirklich bewusst loslassen.

Es ist sehr wichtig zu erwähnen, dass man jede Übung immer mit seinem Atem verbinden sollte. Auch beim Yoga ist die Atmung ein sehr wichtiger Bestandteil, was noch einmal zeigt, wie bedeutend unser Atem für uns ist, wenn wir heilen wollen.

Die Sicherheit, die ich dort erfahren durfte, wirkte sich sofort auf mein gesamtes System aus, und ich spürte eine viel größere Gelassenheit.

Ich erinnere mich noch ganz genau, als ich dann zur Therapie kam und wie glücklich und doch verwundert meine Therapeutin war. Plötzlich war ich geerdet, total klar und nicht mehr getrieben. Ich werde ihr Gesicht nie vergessen. Sie versuchte stets, ihre Impulse zurückzuhalten, aber ich konnte sehen, wie sehr sie sich freute. Das war für uns beide, glaube ich, ein sehr schöner Moment, denn es war das Zeichen, dass sich die harte Arbeit lohnt und wir Fortschritte machen. Dieser Sprung war wirklich riesig für mich. Innerhalb einer Woche hatte sich mein ganzes Empfinden verändert. Ich glaube, damit hätten wir beide nicht gerechnet! Haha.

Mit der neu erfahrenen Sicherheit hat sich auch die therapeutische Bindung wieder deutlich verbessert und wir konnten wirklich sehr gut zusammenarbeiten – ein großer Erfolg.

Mir ist es hier wichtig zu verdeutlichen, dass es durch meine Yogapraxis war, dass ich mir und meinem Körper die Chance gegeben habe, alles aus einer neuen Perspektive zu betrachten. Ich konnte erkennen, dass ich jetzt vieles nicht mehr fürchten muss und dass ich loslassen kann. Ohne meinen Körper in die Therapie einzubeziehen, hätte ich das wohl nie geschafft. Ich musste erstmal lernen, mir selbst zu vertrauen und konnte sehen, dass ich doch gar nicht so schwach war, wie ich geglaubt habe.

Ich merkte, dass ich genügend Ressourcen habe, um dem Chaos, das in mir war, friedlich zu begegnen, und dass ich aufhören durfte, dagegen anzukämpfen.

Diese Erfahrung konnte ich jedoch nur machen, weil ich mein Körperbewusstsein gesteigert habe. Ich habe gelernt, durch meinen Körper mehr Sicherheit zu gewinnen und mich mehr im Hier und Jetzt zu verankern!

Wenn du Probleme in deiner Therapie hast, rate ich dir, mit Yoga zu beginnen.
Nicht das klassische Beweglichkeitstraining, sondern wirklich Yoga, das sich mit Achtsamkeit beschäftigt. Es geht nicht darum, ein Bein hinter dem Kopf zu bekommen, sondern darum, dass du dich und deinen Körper mal wirklich spürst und erfährst, wer du eigentlich wirklich bist!

Emotionen: Was sind Emotionen?

Kommen wir zum Thema Emotionen – hier findet die Transformation statt, die wir uns wünschen. Doch bevor wir uns mit der Integration von Emotionen beschäftigen, müssen wir zunächst klären: Was sind Emotionen überhaupt?

Emotionen bestehen aus zwei wichtigen Bestandteilen:

- **E** steht für *Energie*
- **Motion** steht für *Bewegung*

Emotion bedeutet also *Energie in Bewegung*!

Wo können wir diese Energie in Bewegung wahrnehmen?
Richtig – in unserem Körper!

Das bedeutet: Emotionen sind Energien, die sich in unserem Körper bewegen.

Doch welche Funktion haben Emotionen für uns? Warum sind Emotionen so wichtig?

Emotionen sorgen tatsächlich für unser Überleben und wollen uns schützen!

Es gibt keine *negativen* oder *positiven* Emotionen – vielmehr gibt es evolutionär bedingt *unangenehme* und *angenehme* Emotionen.

"Negativ" und "positiv" sind subjektive Bewertungen. Und wie wir in unserer Meditationspraxis bereits gelernt haben, ist es wichtig, diese Bewertungen loszulassen und die Dinge so zu sehen, wie sie wirklich sind, um eine neue Perspektive einnehmen zu können.

Wir müssen uns immer wieder vor Augen führen, dass das Leben nicht immer so privilegiert war wie heute. Die Menschheit hat den Großteil ihrer Geschichte damit verbracht, ums Überleben zu kämpfen.

Die heutige Zeit der Technologie und des Wohlstands ist im Vergleich dazu nur ein Wimpernschlag.

Unser Gehirn funktioniert jedoch immer noch wie früher, und die Emotionen, die wir fühlen, haben nach wie vor denselben Zweck wie damals: Sie waren und sind von großer Bedeutung für unser Überleben.

Wenn wir verstehen, wie Menschen früher gelebt haben, erkennen wir auch die Funktion unserer Emotionen.

Wir Menschen sind soziale Wesen. Wir konnten nur in Gruppen überleben. Deshalb waren Emotionen wie *Scham*, *Schuld* und *Einsamkeit* evolutionär so unangenehm – sie sollten uns motivieren, uns in unser soziales Umfeld zu integrieren.

Allein zu sein bedeutete früher Lebensgefahr. Wir brauchten eine Gruppe, die unser Überleben sicherte. Ohne sie wäre das Überleben nicht möglich gewesen.

Die unangenehme Emotion *Einsamkeit* sorgte also dafür, dass wir in Bewegung kamen – ihr merkt, *Energie in Bewegung* – um wieder Anschluss an eine Gruppe zu finden.

Ebenso bedrohlich war es, aus dem sozialen Umfeld ausgeschlossen zu werden.

Deshalb entwickelten wir Emotionen wie *Scham* und *Schuld*:

- **Scham** ist die Emotion, die uns denken lässt: *Ich bin falsch!*
  Dieses Gefühl entsteht im sozialen Kontext. Wenn unser Verhalten nicht den Erwartungen der Gruppe entsprach, signalisierte uns die Scham, dass wir uns anpassen sollten, um einen drohenden Ausschluss und damit Lebensgefahr zu vermeiden.
- **Schuld** vermittelt uns das Gefühl: *Ich habe etwas falsch gemacht.* Auch hier greift dasselbe Prinzip: Die Emotion motiviert uns, unser Verhalten zu korrigieren, um unsere Zugehörigkeit zur Gruppe zu sichern.

Diese Beispiele zeigen, dass Emotionen über einen sehr langen Zeitraum dazu beigetragen haben, unser Überleben zu sichern. Deshalb spielen sie auch heute noch eine zentrale Rolle in unserem Leben.

Unser Unterbewusstsein reagiert viel stärker auf unsere Emotionen als auf unseren Verstand. Besonders in Überlebenssituationen spielt der Verstand kaum noch eine Rolle – stattdessen werden wir vollständig vom instinktiven Teil unseres Gehirns gesteuert.

Doch heutzutage müssen wir schon lange nicht mehr ums Überleben kämpfen. Viele Emotionen, die früher lebenswichtig waren, sind heute in der modernen Welt nicht mehr so bedrohlich für uns. Was früher eine ernsthafte Gefahr darstellte, ist heute oft harmlos. Diese Veränderung dürfen wir auch unserem Unterbewusstsein bewusst machen!

Andernfalls werden wir weiterhin Situationen vermeiden, die unangenehme Emotionen wie *Einsamkeit*, *Scham*, *Schuld* oder *Angst* auslösen. Doch das ist heute meist nicht mehr notwendig.

In der heutigen Zeit können wir problemlos allein überleben. Viele Ängste, die uns belasten, sind vor allem mentaler Natur – sie fühlen sich zwar bedrohlich an, gefährden aber nicht unser tatsächliches Leben.

Wie gelingt es uns also, aus dem Überlebensmodus auszusteigen, um uns dem Leben wieder voll hinzugeben und unsere emotionalen Blockaden zu lösen?

Emotionen fühlen und integrieren:

Um Emotionen vollständig durchlaufen und integrieren zu können, müssen wir zunächst verstehen, was wir benötigen, um diesen Prozess zu bewältigen, ohne dabei zu dekompensieren.

Zunächst dürfen wir erkennen, dass jeder von uns ein individuelles *Toleranzfenster* besitzt. Dieses Toleranzfenster bestimmt, wie viel emotionale Intensität wir aushalten können, bevor es zu viel wird. Ist die emotionale Belastung zu hoch, können wir die Emotion nicht mehr halten. In solchen Momenten greifen wir auf unsere Kompensationsstrategien zurück, um die Emotionen zu regulieren. Andernfalls kann es zu Angstzuständen, Panikattacken oder im schlimmsten Fall zu dissoziativen Zuständen kommen.

Deshalb ist es enorm wichtig, sich selbst besser kennenzulernen und schrittweise das eigene Toleranzfenster zu erweitern. Unser System muss lernen: *Emotionen sind zwar unangenehm, aber vollkommen sicher!* Ja, so bedrohlich sich Emotionen manchmal auch anfühlen – sie sind sicher und stellen keine Gefahr für dich dar.

Was bestimmt unser Toleranzfenster?
Unsere verfügbaren *Ressourcen* bestimmen, wie viel emotionale Belastung wir aushalten können. Dazu zählt auch unsere *Resilienz* – also die Fähigkeit, unangenehme Gefühle auszuhalten und sich ihnen hinzugeben, ohne sich in ihnen zu verlieren.

Wie entstehen emotionale Verletzungen?
Stellen wir uns folgendes Szenario vor:

Zwei Personen erleben exakt dasselbe – beide haben einen Autounfall und entgehen nur knapp dem Tod.

Person A verarbeitet das Erlebnis gut und kann nach dem Krankenhausaufenthalt wieder problemlos Auto fahren. Person B hingegen entwickelt eine posttraumatische Belastungsstörung (PTBS) und meidet fortan das Autofahren.

Wie kann das sein? Zwei identische Situationen, aber völlig unterschiedliche Reaktionen?

Der Unterschied liegt in den *Ressourcen* und *Kapazitäten*, die beide Personen in diesem Moment zur Verfügung hatten.

Egal, wie schlimm eine Situation objektiv sein mag – ob eine Person langfristige psychische Folgen entwickelt, hängt nicht nur von der Situation selbst ab. Entscheidend ist, wie viele Ressourcen diese Person hat, um das Erlebte zu verarbeiten.

Wenn dein Körper und dein gesamtes System wahrnehmen, dass genügend Ressourcen vorhanden sind, wird sich dein System erholen, die Emotionen verarbeiten und du kannst schnell in deinen Alltag zurückkehren. Überschreitet jedoch ein Ereignis deine verfügbaren Ressourcen und dein Toleranzfenster, muss dein System die aufkommende Energie „einfrieren". Diese unverarbeitete Erinnerung wird im Unterbewusstsein gespeichert und als Bedrohung wahrgenommen.

Doch unser System *möchte* heilen! Emotionen sind dazu da, gefühlt zu werden. Deshalb geraten wir immer wieder in Situationen, in denen genau diese verdrängten Emotionen getriggert werden.

Was sind eigentlich Ressourcen, wenn wir von emotionaler Integration sprechen?

Ressourcen: Der Schlüssel zur emotionalen Stabilität

Ressourcen sind Fähigkeiten, die unser System nutzen kann, um unsere Psyche zu stabilisieren und zu regulieren. Ein zentrales Beispiel dafür ist die Fähigkeit zur *Selbstregulation*.

Es ist wichtig zu verstehen, dass wir als Kinder auf *Co-Regulation* durch unser Umfeld angewiesen waren, da wir in jungen Jahren noch nicht in der Lage sind, unsere Emotionen eigenständig zu regulieren. Wenn wir in unserer Kindheit nicht die Möglichkeit hatten, Emotionen als sicher zu erleben und nicht co-reguliert wurden, musste unser System alternative Strategien entwickeln, um unsere Psyche zu stabilisieren.

Unsere Kindheit hat daher einen maßgeblichen Einfluss darauf, wie wir im Erwachsenenalter mit Emotionen umgehen. Wenn du als Kind nie co-reguliert wurdest, fällt es dir als Erwachsener möglicherweise schwer, deine Emotionen selbst zu regulieren. Du fühlst dich von deinen Gefühlen überwältigt, weil dir nie gezeigt wurde, dass Emotionen sicher sind. Dein Unterbewusstsein speichert Emotionen dann als etwas Gefährliches ab.

Deshalb ist die Fähigkeit zur *Selbstregulation* ein entscheidender Faktor. Wir dürfen lernen, dass unsere

Emotionen sicher sind. Mithilfe von Selbstregulationsübungen erfahren wir mehr Selbstwirksamkeit – besonders in Momenten, in denen unsere Emotionen getriggert werden. So können wir aktiv unserem Nervensystem und der Amygdala, die für unser Angstempfinden verantwortlich ist, bewusst signalisieren, dass wir sicher sind und uns beruhigen können.

Selbstregulationsübung:

1. Setze dich bequem hin und nimm drei tiefe Atemzüge.
2. Schau dich im Raum um. Was siehst du? Nimm bewusst deine Umgebung wahr. Dieses bewusste Orientieren signalisiert deinem Nervensystem, dass du in Sicherheit bist.
3. Atme weiter tief und langsam.
4. Lege nun deinen Kopf auf deine rechte Schulter und schaue diagonal nach links oben. Lege dabei deine rechte Hand auf deinen Kopf und deine linke Hand auf deine unteren rechten Rippen.
5. Halte diese Position 1–2 Minuten und wechsle dann die Seite.
6. Spüre nach: *Wie fühlst du dich nach dieser Übung?*

Weitere wertvolle Ressourcen:
Eine besonders kraftvolle Ressource ist das *Empfinden von Dankbarkeit*. Dankbarkeit kann uns aus unangenehmen Emotionen herausholen und hilft uns aktiv, Stress zu verarbeiten und abzubauen.

Egal, wie herausfordernd dein Tag war – versuche jeden Abend, fünf Dinge zu finden und aufzuschreiben, für die du dankbar bist. Du wirst merken, dass sich deine emotionale Stimmung schon während dieses Prozesses verändert.

Es gibt jedoch Menschen, die keinen Zugang mehr zu ihrer Dankbarkeit spüren. Sie sind gedanklich gefangen oder stecken in einer Negativspirale fest. Diese Menschen dürfen wieder lernen, den Zugang zu diesem Gefühl zu finden, denn *jeder Mensch kann Dankbarkeit empfinden.*

Studien zeigen, dass *Meditation* Empfindungen wie Lebensfreude, Dankbarkeit und Empathie steigern kann.

Dankbarkeitsübung:

1. Schreibe fünf Dinge auf, für die du heute dankbar warst – selbst wenn sie noch so klein erscheinen. Oft sind es gerade die kleinen Dinge, die uns berühren.
2. Setze dich anschließend bequem hin, schließe die Augen und atme dreimal tief ein und aus.
3. Stelle dir nun eine dieser Situationen so detailliert wie möglich vor.
4. Lass das Bild vor deinem inneren Auge entstehen und spüre in deinen Körper hinein: *Wie fühlt sich diese Dankbarkeit an? Wo in deinem Körper nimmst du dieses Gefühl wahr?*
5. Stell dir vor, wie dieses Gefühl größer wird und sich in deinem ganzen Körper ausbreitet.

6. Wiederhole diesen Prozess mit der zweiten Sache auf deiner Liste. Lass das Gefühl weiter wachsen.
7. Verweile einige Minuten in diesem Gefühl der Dankbarkeit.
8. Öffne anschließend langsam die Augen, bewege dich ein wenig und nimm diese positive Energie mit in den Tag.

Tu dir etwas Gutes – du hast es verdient!

Das Pendeln zwischen Emotionen: Eine kraftvolle Ressource

Die nächste Ressource erfordert bereits etwas mehr innere Kapazität, da wir in der Lage sein müssen, unangenehme Emotionen auszuhalten. Eine der stärksten Ressourcen, die wir alle besitzen, ist die Fähigkeit, *zwischen einer unangenehmen und einer angenehmen Emotion zu pendeln.*

Diese Fähigkeit haben wir schon als Kinder häufig genutzt, um unangenehme Gefühle zu regulieren. Doch im Erwachsenenalter, wenn wir uns über längere Zeit von unseren Emotionen abgewandt haben, verlieren wir oft den Zugang zu diesem inneren Werkzeug. Wir fühlen uns dann von unseren Emotionen überwältigt und vergessen schnell, dass wir bereits ein hilfreiches Skillset entwickelt haben.

Das Pendeln zwischen zwei Emotionen ist eine wertvolle Ressource, weil es uns zeigt, dass wir selbstwirksam handeln können. Die Emotion hat uns also *nicht* vollständig im Griff. Gleichzeitig wird uns bewusst, dass jeder Zustand vergänglich ist. Vielleicht fühlst du dich gerade nicht gut – aber das geht vorüber. Und du kannst aktiv etwas dazu beitragen, dich besser zu fühlen.

Eine Methode, die genau diese Technik nutzt, stammt aus dem *Somatic Experiencing*. Hier wird das Pendeln gezielt eingesetzt, um emotionale Verletzungen sanft zu integrieren.

So funktioniert das Pendeln:

1. **Einen sicheren Ort verankern:** Zunächst verankerst du in dir einen inneren sicheren Ort. Sobald du diesen Ort fest verankert hast, begibst du dich bewusst in eine Situation, die Stress in dir ausgelöst hat.
2. **Emotion wahrnehmen:** Spüre die aufkommende Emotion in deinem Körper. Beobachte dabei aufmerksam deine Körperempfindungen – ganz ohne Bewertung. Lass die Emotion einfach da sein und gib ihr den Raum, den sie braucht, um verarbeitet und gefühlt zu werden.
3. **Zurück zum sicheren Ort:** Nach etwa fünf Minuten kehrst du zu deinem sicheren Ort zurück und nimmst wahr, wie sich dein Körper jetzt anfühlt. Spüre, wie sich die unangenehme Emotion reguliert und du zunehmend das Gefühl bekommst, dass du sicher mit dieser Emotion umgehen kannst.
4. **Wiederholen:** Sobald du dich wieder wohl und sicher fühlst, kannst du erneut zur belastenden Situation zurückkehren und beobachten, wie viel Stress sie in deinem Körper noch auslöst.

5. **Pausieren:** Nach dem zweiten Durchgang kannst du eine Pause einlegen und reflektieren, wie du dich jetzt fühlst. Notiere dir, wie unangenehm die Situation vor dem Pendeln war. Wenn du erneut in eine ähnliche Situation kommst, beobachte, ob du bereits besser damit umgehen kannst.

Wie verankere ich einen sicheren Ort in mir?

Übung: Der sichere Ort (Dauer: ca. 15 Minuten)

1. Setze dich bequem hin und nimm drei tiefe Atemzüge.
2. Spüre bewusst in deinen Körper hinein. Nimm die Druckpunkte wahr: den Boden unter deinen Füßen, die Sitzfläche und deine Arme auf den Beinen.
3. Scanne deinen Körper langsam von oben nach unten.
4. Stell dir nun einen Ort vor, an dem du dich vollkommen sicher und geborgen fühlst.
   - Wie sieht dieser Ort aus?
   - Sind dort Menschen? Wenn ja, wer?
   - Bist du vielleicht am Strand? Wie sieht die Landschaft aus?
   - Ist es still oder hörst du angenehme Geräusche, vielleicht deine Lieblingsmusik?
5. Stell dir diesen Ort so detailliert wie möglich vor und achte darauf, was dir Kraft und Sicherheit gibt.

6. Spüre in deinen Körper hinein: *Wo nimmst du das Gefühl von Sicherheit wahr?* Beobachte es und lass es in deinem Körper größer werden.
7. Lege nun deine Hände überkreuzt auf deine Brust und beginne langsam, abwechselnd auf deine Schultern zu klopfen.
    - Diese Technik nennt sich **Butterfly Hug** und hilft dir dabei, das Gefühl der Sicherheit in deinem Körper zu verankern.
8. Nach etwa 15 Minuten öffne langsam deine Augen, atme tief durch und gehe mit diesem guten Gefühl in den Tag.

Die Angstreaktion

Ich möchte euch nun auf einige Hindernisse aufmerksam machen, die euch auf dem Weg zu euch selbst begegnen können. Es ist wichtig zu verstehen, dass emotionale Integration eine herausfordernde Arbeit ist, die euch viel abverlangen wird. Ihr werdet dabei oft auf Widerstand und emotionale Blockaden stoßen.

Dieser Widerstand äußert sich häufig in einer anfänglichen Angstreaktion. Wenn ihr mit Anteilen in euch konfrontiert werdet, die ihr lange verdrängt habt oder sogar an euch selbst ablehnt, reagiert euer System zunächst mit Angst.

Hier ist es entscheidend, dieser Angst Raum zu geben und sie so gut wie möglich einfach da sein zu lassen.

Vielleicht werdet ihr denken, mit euch stimme etwas nicht – und dieses Gefühl kann plötzlich und scheinbar grundlos auftreten. Wenn du das schon erlebt hast, kann ich dich beruhigen: Ich habe das selbst oft durchgemacht und bin immer noch im Prozess. Auch heute begegnen mir solche Gefühle.

Plötzlich fühlt sich dein Körper fremd und ungewohnt an. Dein Gehirn signalisiert dir, dass etwas nicht stimmt, die Angst steigt, und du versuchst zu verstehen, was gerade mit dir passiert. Die Gedanken werden intensiver, dein Verstand interpretiert die Situation immer katastrophaler, und plötzlich glaubst du, verrückt zu werden – was die Angst nur noch verstärkt.

Wenn du diese Zeilen liest und dich darin wiedererkennst, dann möchte ich dir sagen: *Das ist normal.* Ich habe das schon unzählige Male erlebt – und glaube mir, ich bin nur ein kleines bisschen verrückt (haha).

Das Wichtigste in diesen Momenten ist, dass du verstehst: **Du bist vollkommen sicher.**

Bleib bei der unangenehmen Empfindung und erlaube dir, dich genau so zu fühlen, wie du dich jetzt fühlst. Mit dir ist alles in Ordnung. Du stößt lediglich auf Anteile in dir, die du lange verdrängt hast. Da du dir lange nicht erlaubt hast, diese Gefühle zuzulassen, reagiert dein System jetzt besonders stark.

Aber selbst in solchen Momenten hast du die Kraft, dich selbst zu beruhigen. Mein Meditationslehrer sagte einmal zu uns: *„Wir alle tragen einen alten, weisen Mann in uns, der unserem System sagen kann, dass alles gut ist."*

Und auch DU trägst diesen weisen Teil in dir!

Wenn du das nächste Mal in so einer Situation bist, erinnere dich an diesen alten, weisen Mann, der dir Sicherheit schenkt. Sei für dich da und vergiss nicht:

Du bist sicher.

Die Psychodynamik zwischen Emotionen und Gedanken

In den vorherigen Kapiteln habe ich häufig davon gesprochen, dass unser Verstand dazu neigt, zu katastrophalisieren, sobald wir mit unangenehmen Emotionen in Kontakt kommen. Nun möchte ich euch erklären, warum das so ist und welchen Sinn dieses Verhalten hat.

Wenn wir meditieren, bemerken wir schnell eine interessante Tatsache: Mithilfe unserer Gedanken können wir gezielt Emotionen erzeugen – sowohl angenehme als auch unangenehme.

Wenn wir uns eine schöne Erinnerung ins Gedächtnis rufen, fühlen wir Freude, Glück oder Liebe. Denken wir hingegen an etwas Trauriges, spüren wir Traurigkeit oder Schmerz.

Was viele jedoch nicht wissen, ist, dass dieser Zusammenhang auch in die umgekehrte Richtung funktioniert: **Emotionen können ebenfalls Gedanken auslösen.**

Fühlst du dich richtig gut und bist voller Energie, wird dein Geist automatisch positive Gedanken erzeugen. Du erinnerst dich an schöne Erlebnisse oder stellst dir erfreuliche Szenarien vor, wodurch deine gute Stimmung weiter verstärkt wird.

Doch dieser Mechanismus funktioniert leider auch umgekehrt: Wenn du dich schämst, dich einsam oder traurig fühlst, wirst du feststellen, wie düster und zerstörerisch deine Gedanken plötzlich werden können.

Warum passiert das?

Unser Verstand produziert diese negativen Gedanken oft unbewusst, weil wir unangenehmen Gefühlen aus dem Weg gehen wollen. Es erscheint uns angenehmer, belastende Gedanken zu denken, als unangenehme Emotionen tatsächlich zu fühlen.

Doch diese Gedanken können so extrem werden, dass sie Angst auslösen und in manchen Fällen sogar zu einer Panikattacke führen.

Hier ist es wichtig zu verstehen: **Das, was dein Verstand dir in diesen Momenten erzählt, ist lediglich eine Ablenkung von deinen Emotionen.**

Du brauchst keine Angst vor diesen Gedanken zu haben. Lass sie einfach kommen und gehen. Versuche stattdessen, deine Aufmerksamkeit bewusst auf deine Körperempfindungen zu lenken. Du wirst merken, dass sich deine Gedanken dadurch schneller beruhigen.

Je häufiger du diesen Prozess bewusst wahrnimmst, desto besser wirst du mit diesen Situationen umgehen können. Und umso schneller wirst du aus diesem belastenden Gedankenkarussell aussteigen können.

Mythen, die immer noch geglaubt werden

Viele Menschen glauben immer noch, dass man alte, verdrängte Kindheitserinnerungen aufarbeiten muss, um seelische Verletzungen zu heilen. Doch das Konzept der Psychoanalyse ist längst überholt, und es wurde bereits bewiesen, dass vieles davon nicht mehr funktional ist. Heute gibt es deutlich wirksamere Methoden.

Zum einen wurde herausgefunden, dass unsere Erinnerungen nicht zu 100 % der Wahrheit entsprechen. Früher glaubte man, man könne sich vollständig auf seine Erinnerungen verlassen, doch Studien haben gezeigt, dass das nicht stimmt. Unsere subjektive Wahrnehmung beeinflusst unser Erinnerungsvermögen, weshalb Erinnerungen niemals völlig wahrheitsgetreu sind.

Einige Psychologen vertreten nach wie vor die Ansicht, dass sich unser Leben stetig nach den Erfahrungen reinszeniert, die wir in den ersten sieben Lebensjahren gemacht haben. Die Ereignisse im Erwachsenenalter seien demnach nur Wiederholungen dessen, was wir als Kinder erlebt haben.

Doch das muss nicht so sein!

Ja, wenn wir unbewusst durchs Leben gehen, wiederholen wir oft die Muster, die wir in unserer Kindheit gelernt haben. Aber es gibt einen Ausweg aus dieser Reinszenierung – und dieser Weg ist **Achtsamkeit**!

Durch Achtsamkeit können wir unsere alten Muster erkennen und gezielt auflösen.

Daraus lässt sich eine wichtige Erkenntnis ableiten:

Wenn unser Leben im Hier und Jetzt lediglich die Folge vergangener Erlebnisse ist, warum sollten wir dann in die Vergangenheit zurückgehen? Die Emotionen, die wir heute fühlen, sind oft dieselben, die wir damals erlebt haben. Warum also versuchen, den Ursprung dieser Gefühle in der Vergangenheit zu suchen, wenn wir stattdessen aktuelle Situationen nutzen können, die unsere alten Wunden triggern?

Genau das ist der entscheidende Punkt!

Wir können unsere alten Verletzungen vollständig im Hier und Jetzt heilen. Alles, was wir dafür tun müssen, ist achtsam zu beobachten, welche Situationen im Leben unsere Muster auslösen.

Denk einmal genau darüber nach:

- Welche Ereignisse in deinem Leben wiederholen sich immer wieder?
- Wo erkennst du Muster, die sich ständig wiederholen?

Genau dort liegen deine emotionalen Verletzungen.

Wenn du diese gefunden hast, gilt es, sie zu hinterfragen und zu erforschen:

- Wovor willst du dich schützen?
- Was willst du vermeiden?

Irgendwann wirst du auf die Emotionen stoßen, die du verarbeiten möchtest.

Doch wenn biografische Arbeit nicht notwendig ist, um zu heilen, warum wird sie dann noch so häufig angewendet?

Zum einen sind manche therapeutische Ansätze einfach veraltet und nicht mehr auf dem neuesten Stand. Doch es gibt noch einen weiteren Grund: Viele Patienten glauben, sie seien selbst schuld an ihrer Erkrankung oder daran, dass ihr Leben nicht so verläuft, wie sie es sich wünschen.

Das stimmt jedoch nicht!

Wenn du das hier liest und dich gerade schlecht fühlst oder dich schuldig machst – nein, du bist nicht schuld!

Die biografische Arbeit soll dem Patienten zeigen, dass die Art und Weise, wie er lebt, ihm so beigebracht wurde. Damals hattest du keine andere Wahl, als mit den Dingen so umzugehen, wie es dir gezeigt wurde.

Wie solltest du es besser wissen?

Wie solltest du wissen, dass es noch andere Möglichkeiten gibt? Dir wurde doch nie eine andere gezeigt!

Also sag mir: **Wie** hättest du deine Probleme anders lösen sollen, als du es bisher getan hast? Kanntest du überhaupt andere Wege?
Hattest du das Gefühl, dass du auch anders hättest handeln können?

Die ehrliche Antwort lautet: **Nein, das konntest du nicht!**

Wie kannst du also Schuld an etwas haben, für das du rein gar nichts kannst?

Du hast dein Bestes gegeben und dein Leben bisher so gemeistert, dass du überlebt hast und vorangekommen bist – genau so, wie es dir beigebracht wurde. Und das ist in Ordnung, denn du **lebst**. Und das ist das Allerwichtigste.

Mit diesem Verständnis hofft man, dass Menschen wohlwollender mit sich selbst umgehen und sich besser mit ihren Verhaltensmustern auseinandersetzen können.

Dennoch muss jedem bewusst sein: Diese Erkenntnis ist sinnvoll, hat aber wenig mit echter Heilung zu tun.

Sie kann lediglich eine Brücke sein, um emotionale Verletzungen aus einer neuen Perspektive zu betrachten und sie besser anzunehmen. Der Weg durch den Schmerz bleibt jedoch ein weiterer Schritt – und dieser Schritt ist dadurch nicht garantiert.

Es ist nicht einmal sicher, dass jemand danach wirklich mitfühlender mit sich selbst umgeht.

Ich spreche aus eigener Erfahrung:

Ich konnte lange nicht akzeptieren, dass ich aufgrund vergangener Erlebnisse anders handelte als andere.

- Ich hatte Angst, mich zu öffnen.
- Ich fühlte mich oft unterlegen.
- Ich hatte große Angst, zu vertrauen.
- Ich glaubte häufig, dass mir jemand schaden will.

Aber warum?

Diese Dinge lagen doch in der Vergangenheit. Warum fiel es mir so schwer, sie loszulassen?

Warum funktionierte ich nicht so wie andere?

Was stimmt nicht mit mir?

Ich bin schwach!

Das waren meine Gedanken. Ich war so sehr darauf fixiert, stark sein zu müssen, dass ich mir nicht eingestehen konnte, wie viele emotionale Verletzungen ich aus meiner Kindheit mit mir trug.

Diese Wahrheit anzuerkennen hätte bedeutet, mir selbst einzugestehen, dass mir damals etwas gefehlt hat. Doch ich war nicht bereit, diesem Schmerz ins Gesicht zu sehen.

Die Angst vor meiner eigenen Verletzlichkeit war zu groß.

Die Angst, als schwach gesehen und abgewertet zu werden, war überwältigend.

Denn genau das ist mir oft passiert, wenn ich Schwäche gezeigt habe.

Wenn ich Fehler machte oder andere meine Schwächen bemerkten, wurde das sofort gegen mich verwendet.

Also blieb mir scheinbar keine andere Wahl, als alles dafür zu tun, dass mir niemand mehr weh tun konnte.

Die Konsequenz:

Ich versuchte, perfekt zu sein.

Keine Fehler mehr zu machen.

Keine Ecken und Kanten zu zeigen.

Immer das Richtige zu tun.

Mit diesen Mustern fiel es mir extrem schwer zu sagen:

„Okay, ich habe viel Schmerz erlebt, und jetzt brauche ich Fürsorge. Keine Härte, keine Strenge. Ich darf mich selbst in den Arm nehmen und mir sagen: **Es ist okay.**"

Ich glaube, vielen da draußen geht es genauso.

Auf Verstandesebene verstehen sie, woher ihre Muster kommen.

Doch auf emotionaler Ebene können sie ihre verletzlichen Anteile nicht akzeptieren.

Die Angst vor der eigenen Schwäche ist zu groß.

Die Angst vor erneuter Abwertung ist zu mächtig.

Das innere System stößt auf Widerstand – aus Selbstschutz.

Auch hier passt das Zitat meiner Therapeutin wieder perfekt:
„Wenn du nicht akzeptieren kannst, dann akzeptiere, dass du es nicht akzeptieren kannst."

Was für ein weiser Satz – den ich erst in meiner Meditationspraxis wirklich verstanden habe.

Wenn du deine Widerstände nicht akzeptierst, leistest du Widerstand gegen deinen eigenen Widerstand. Dadurch wird dieser nur noch größer, und es wird dir zunehmend schlechter gehen.

Eine der wertvollsten Lektionen, die dir Meditation schenkt, ist das Verständnis für das Phänomen der **Vergänglichkeit**:

Alles, was einen Anfang hat, hat auch ein Ende.

So wird auch der Widerstand irgendwann verschwinden.

Wann wird er gehen?

Dann, wenn wir ihm erlauben, da zu sein. Denn erst dann können wir wirklich loslassen.

Die 4 Arten, wie wir Emotionen verdrängen!

Nun möchte ich dir erklären, mit welchen Methoden wir unsere Emotionen verdrängen.
In unserer Meditationslehrerausbildung wurde uns beigebracht, dass es vier Arten gibt, wie wir unseren Emotionen aus dem Weg gehen:

- **Vermeidung**
- **Unterdrückung**
- **Projektion**
- **Grübeln**

Diese vier Arten wenden wir oft an, um unangenehme Emotionen zu meiden und unsere verletzlichen Anteile nicht spüren zu müssen.
Ich werde dir nun erklären, wie sich diese vier Arten äußern und funktionieren.

Vermeidung:
Das ist leicht zu erklären: Es geht einfach darum, alles zu vermeiden, was unangenehme Emotionen auslösen könnte.
Alles, was du nicht fühlen willst, wird also gemieden.
Es gibt Menschen, die sich nicht einmal einen emotionalen Film ansehen können, weil sie vermeiden wollen, selbst emotional zu werden.
Vermeidung ist wohl eine der Kompensationsstrategien, die unser Leben am meisten einschränken!
Denn wenn wir immer mehr vermeiden, ist die logische Konsequenz, dass wir unser Leben immer weiter beschränken und aufhören, uns dem Leben zu widmen.

Je mehr du vermeidest, desto weniger wirst du wirklich leben!

Unterdrückung:
Emotionen unterdrücken – wer kennt es nicht? Man ist in einem Gespräch, und die andere Person sagt etwas, das einen wütend macht.
Statt zu seiner eigenen Wut zu stehen und sie auszudrücken, schlucken wir sie lieber runter, weil wir nicht zeigen wollen, dass uns das, was die andere Person gesagt hat, getroffen hat.
Wir möchten also eine vermeintliche Schwäche nicht zeigen und unterdrücken deshalb unsere Emotion.
Was passiert aber dann mit uns?
Wir befinden uns in einem stetigen Kampf mit uns selbst und stehen ständig unter enormem Druck.
Sei mal ehrlich zu dir: Ist das nicht extrem anstrengend? Vielleicht ist dir das noch nicht bewusst und du hast dich daran gewöhnt. Ich kenne das, ich habe das auch durchgemacht und ich weiß, wie sehr man bereit ist zu kämpfen, um nicht fühlen zu müssen.
Aber sei mal ganz ehrlich, ist dieser Kampf nicht einfach nur erschöpfend?
Schlafstörungen, Angstzustände, innere Unruhe, depressive Verstimmungen, ständige Müdigkeit, Migräne, Bauchbeschwerden – all das sind Symptome von zu viel Stress.
Stress, der entsteht, weil wir so viele Emotionen unterdrücken und einfach weitermachen – unterdrücken und funktionieren, unterdrücken und funktionieren. Und irgendwann führt das zum Burnout.
Es ist nicht wirklich stark, vor seinen Schwächen davonzulaufen und so zu tun, als sei man stark.

Wahre Stärke liegt darin, zu seinen Schwächen zu stehen und sich mit ihnen authentisch zeigen zu können!
Du musst deine Emotionen nicht unterdrücken, du darfst jedoch lernen, sie konstruktiv für dich zu nutzen!

Projektion:

Projektion ist wohl die tückischste Angelegenheit, weil wir unsere Reaktion auf eine Situation oft als angemessen empfinden, da wir noch kein Bewusstsein dafür haben, was in uns passiert, wenn wir unsere eigenen Emotionen auf andere projizieren. Das beste Beispiel ist das Autofahren: Irgendjemand fährt zu langsam, zu schnell, und allgemein sind heute ja nur noch Sonntagsfahrer unterwegs. Du regst dich über die Person auf, wirst wütend und schimpfst. Das alles ist jedoch nur die Projektion dessen, was du fühlst. Das hat nichts mit der anderen Person zu tun. Sie hat lediglich die Emotionen in dir getriggert; alles andere liegt in deiner Verantwortung. Das heißt: Nein, die Person ist nicht das Arschloch, verrückt oder ähnliches. Du bist einfach nur wütend und lässt das an der anderen Person aus.
Gerade in der heutigen Gesellschaft wird immer häufiger projiziert.
Wisst ihr noch, wo plötzlich bei der EM das Wort „Spielermaterial" ein Problem war?
Tja, drei Mal dürft ihr raten, was für eine Art Verdrängung das war.
Richtig, 50 Punkte für Gryffindor, das war eine Projektion!

Irgendwelche Menschen haben sich dadurch persönlich angegriffen gefühlt, und statt Verantwortung für ihre eigenen Emotionen zu übernehmen, werden diese auf andere projiziert, damit man sie selbst nicht mehr fühlt.
Wenn ihr das Prinzip der Projektion verstanden habt, werdet ihr jetzt sehr schnell merken, dass das, was andere über euch sagen, sehr häufig gar nichts mit dem zu tun hat, wer ihr seid, sondern lediglich eine Projektion ist.
Das, was jemand anderes über dich sagt, sagt nichts über dich aus, sondern viel mehr über die andere Person!
Kleines Beispiel aus meiner Zeit in der Therapie:
Als ich sehr überfordert war und Woche für Woche mit großen Ängsten in die Therapiestunde kam, wollte meine Therapeutin das Tempo verlangsamen und die Therapie langsamer gestalten. Doch ich hatte das Gefühl, dass meine Therapeutin mir die Therapie nicht zutraute; ich hatte das Gefühl, sie dachte, ich sei schwach. Also wollte ich, dass wir weitermachen – ich sei doch nicht schwach, ich halte das schon aus. Sie betonte immer wieder, dass das nicht stimmte, dass sie mich für sehr stark hielt, aber dass wir langsamer machen sollten.
Ich war so in meiner Projektion drin, dass ich ihr nicht geglaubt habe. Wenn sie doch glaubt, dass ich stark bin, warum sollten wir dann langsamer machen?
Ich denke, dir wird sehr schnell klar, wer hier geglaubt hat, er sei schwach. Ich war der Einzige im Therapieraum, der geglaubt hat, ich sei schwach –

meine Therapeutin hat das nie gedacht.
Das war alles mein Gedankengut und meine Emotionen, die ich auf sie projiziert habe.
Glaubt mir, gerade in der heutigen Zeit passiert das sehr häufig.
Wir reden von „toxisch", „Red flags" und so weiter.
Glaubt mir, wir gehen momentan so schlecht miteinander um, das ist einfach nur traurig.

Grübeln:

Ja, das gute alte Grübeln, mein längster und bester Wegbegleiter – was habe ich nicht alles verdrängt durch mein ständiges, zwanghaftes Grübeln.
Kennt ihr die Leute, die zum Beispiel, wenn sie jemanden schlecht behandeln, alles mit dem Verstand relativieren, darüber nachdenken und falsche Empathie nutzen, um das, was ihnen angetan wurde, nicht an sich ranzulassen?
Ein perfektes Beispiel für Verdrängung und wie uns das ständige Grübeln davon abhält, die Beschämung, Trauer und Wut zu fühlen, die wir eigentlich in dieser Situation fühlen sollten.
Wenn du oft grübelst und dir Sorgen machst, dann nur, weil du dich gewissen Dingen in deinem Leben

nicht stellen willst.
Du hast Angst, die Kontrolle zu verlieren, Angst davor, dass du eine bestimmte Sache nicht bewältigen könntest. Doch das Grübeln wird dir rein gar nichts bringen.
Es macht die Sache meistens nur noch schlimmer.
Denk mal genauer darüber nach: Wann bist du besonders nachdenklich?
In welchen Phasen deines Lebens hast du am meisten gegrübelt?
Lass mich raten, es waren immer Phasen, in denen es dir nicht gut ging.
Es waren immer Phasen, in denen du extrem gestresst warst.
Wo dich etwas emotional belastet hat und du Angst hattest, dich dem zu stellen.
Das Grübeln hat dir eigentlich nichts gebracht, aber du hast stets versucht, in deinem Kopf Lösungen zu finden, um die Kontrolle wiederzubekommen.
Versuche beim nächsten Mal, wenn du grübelst, mal darauf zu achten, warum du gerade so sehr grübelst.
Was macht dir eigentlich Sorgen?
Was willst du vermeiden?
Was glaubst du, kannst du nicht bewältigen?
Stimmt das wirklich?
Lass es danach einfach zu und schau, was passiert.
Nicht mehr weglaufen – stell dich deinen Ängsten und schau, wie stark du jetzt bist!

Emotionen sind sicher!
Ein ganz wichtiger Punkt, wenn man Emotionen integrieren möchte, ist, dass Emotionen sich zwar bedrohlich anfühlen können, jedoch vollkommen sicher sind.
Man hat immer diese Bilder im Kopf von psychisch kranken Menschen, hört mittlerweile viel von Traumata, und allgemein wird teilweise wirklich viel Angst verbreitet, wenn es um verdrängte Emotionen geht – jedoch ist das alles nicht wahr.
Ja, dein Körper musste einige Erfahrungen verdrängen, um dich vor der Überforderung zu schützen, die du damals erlebt hast, aber das bedeutet nicht, dass diese Emotionen heute noch gefährlich für dich sind!
Im Erwachsenenalter können wir unseren Emotionen begegnen, neue Erfahrungen machen und uns selbst die Sicherheit geben, die wir damals gebraucht haben.
Ebenfalls ist es so, dass unser System nur die Emotionen freigibt, die es verarbeiten kann. Das bedeutet, auch wenn du mal an eine Emotion herankommst und das Gefühl hast, du schaffst das nicht, möchte ich dir sagen: Wenn du die Emotion wahrnimmst und fühlen kannst, zeigt das schon, dass du die Kapazitäten dafür hast.
Dein Körper möchte dich nicht vernichten. Wir dürfen lernen, unserem System zu vertrauen und uns dem Prozess hinzugeben.
Es ist okay, Angst zu haben, aber sei dir dessen

bewusst: Es ist nur ein Gefühl, und dieses Gefühl ist sicher.

Trauma
Trauma – ein Wort, das heutzutage inflationär in dieser Gesellschaft genutzt wird, und kaum jemand weiß, was es eigentlich wirklich bedeutet.
Lass uns mal zunächst die Herkunft des Wortes anschauen, um den Begriff besser verstehen zu können.
Trauma kommt aus dem Griechischen und bedeutet „Wunde".
Ein Trauma entsteht, wenn eine Situation die inneren Ressourcen sowohl physisch als auch psychisch übersteigt und uns komplett überfordert, sodass wir in einer Hilflosigkeit oder auch dem Gefühl der Ohnmacht enden.
Es gibt jedoch nicht nur die posttraumatische Belastungsstörung, die auch als Schocktrauma bekannt ist, sondern auch das sogenannte Bindungstrauma.
Hier mal eine kurze Erklärung der verschiedenen Arten von Traumata:

Schocktrauma:
Ein einmaliges Erlebnis, das so überfordernd für unseren Geist war, dass es verdrängt werden musste. Die traumatische Energie wird im Körper gespeichert und eingefroren.

Komplextrauma:
Entsteht, wenn eine Person unter langanhaltendem destruktivem Stress leidet. Wenn Personen als Kinder in einem toxischen Umfeld aufgewachsen sind, gemobbt wurden und in ihren Grundbedürfnissen vernachlässigt wurden, entsteht ein Komplextrauma.
Diese Personen haben dann Probleme damit, gute Beziehungen zu führen und sich Menschen zu öffnen.
Es gibt auch die Begriffe Bindungstrauma und Entwicklungstrauma, die sich in ihrer Entstehung sehr ähneln.

Wenn wir Traumata in unserem Leben erfahren haben, musste unser System diese höchst überfordernden Energien im Körper einfrieren und somit verdrängen. Diese Erinnerung ist also immer noch in unserem Körper verankert, jedoch unbewusst, weil sie weggesperrt wurde, sodass wir nicht noch einmal an das traumatische Material gelangen. Denn das hat uns maßlos überfordert und bedrohte damals unser Überleben.
So äußern sich verdrängte Traumata häufig mit destruktivem Verhalten wie zum Beispiel Sucht, Selbstverletzung oder anderen psychischen Erkrankungen wie Depressionen, Angststörungen oder Burnout.

Weitere Symptome von Trauma:

- Verspannungen
- Depersonalisierung
- Derealisation
- Tinnitus
- Chronische Schmerzen

- Flashbacks, Albträume
- Vermeidungsverhalten
- Dissoziation
- Angst vor Kontrollverlust

Trauma hat auch einen großen Einfluss auf unseren Geist und beeinflusst sehr stark unser Denken! Folgende Glaubenssätze können sich bilden:

- Ich bin wertlos
- Meine Bedürfnisse sind unwichtig
- Ich bin unwichtig
- Ich störe andere nur
- Ich bin nicht liebenswert
- Ich bin schwach
- Die Welt ist nicht sicher
- Beziehungen sind nicht sicher
- Ich kann mich nicht wehren
- Ich bin hilflos
- Ich bin falsch

All diese Glaubenssätze können ein Hinweis darauf sein, dass du in deiner Kindheit leider ein Trauma erlitten hast.

Menschen mit einem Trauma führen stets einen inneren Kampf mit sich, den sie nicht einmal wirklich wahrnehmen.
Jedoch ist es so, dass unser System unheimlich viel Energie aufbringen muss, um das traumatische Material weiterhin unter Verschluss halten zu können. Dadurch verbraucht dein Körper sehr viel Energie für diesen Verdrängungsprozess.

Umso befreiter fühlt man sich, wenn man diese Erfahrung in seinem System integriert.

Wie können wir uns nun unseren Traumata stellen, wie funktioniert Trauma-Integration?
Trauma-Integration bedeutet, dass wir Emotionen integrieren, die unser System von uns abgespalten hat, weil diese Erfahrung für unser System so überfordernd war, dass wir sie nicht bewältigen konnten.
Um dies zu schaffen, brauchen wir viele innere Ressourcen, die Fähigkeit, auch bei sehr intensiven Emotionen im Hier und Jetzt verankert zu bleiben, und im besten Fall eine geschulte Begleitung, wie einen Trauma-Therapeuten, der eine zusätzliche Ressource darstellt, um dir Sicherheit zu geben.
Es ist sehr wichtig zu verstehen, dass Trauma-Integration immer in Phasen abläuft und dass man sich diesem Prozess hingeben darf.
Es ist wichtig, mit seinem eigenen System zu gehen und nicht das System zu überfordern!
Wir brauchen mehrere Säulen, um gut mit unseren Traumata umgehen zu können und vor allem, um wohlwollend mit uns selbst umzugehen.
Die erste Säule ist der Verstand.
In der heutigen Zeit brauchen wir zunächst einen rationalen Zugang zu unseren Problemen, um uns wirklich damit befassen zu können und uns zu entscheiden, diesen Prozess anzugehen.
Wir müssen also zunächst verstehen, warum es wichtig ist, sich mit diesen Problemen zu befassen, was sie ausgelöst hat und wie wir etwas ändern können.
Haben wir das verstanden, geht es in die zweite Phase.
Phase zwei ist die Phase, in der wir lernen, das Leben

und alles, was es mit sich bringt, zu akzeptieren.
Wir können erst wirklich etwas verändern, wenn wir Akzeptanz praktizieren und uns dem Leben hingeben. Solange wir noch im Widerstand mit uns selbst sind, können wir nicht wachsen. Wir können die Vergangenheit nicht loslassen und bekämpfen noch immer die alten, schlimmen Erfahrungen aus der Angst heraus, dass sie uns immer noch überwältigen würden. Erst wenn wir wirklich tief in uns verankert haben, dass wir sicher sind und uns so akzeptieren, wie wir sind, zeigen wir unserem System, dass wir auch die abgespaltenen Erfahrungen nun in uns integrieren wollen und bereit sind, jegliche Konsequenzen zu akzeptieren – seien sie noch so schlimm.
Das zeigt unserem System, dass wir größer sind als die Erfahrung und dass diese Erfahrung nun verarbeitet werden kann.
Du fängst an, loszulassen, was du befürchtest, und bist nun wirklich bereit, dich deinen Ängsten und tiefergehenden Emotionen zu stellen.
Damit beginnt die dritte Phase:

Das Erfühlen der verdrängten Emotionen und somit die Integration dieser!
Dies ist ein sehr intensiver Prozess, der viel Energie und Kraft erfordert. Doch alles, was du in diesen Prozess investierst, wirst du zurückbekommen, und du wirst stärker und vor allem mit viel mehr Lebensfreude aus diesem Prozess hervorgehen!
Trauma-Integration bedeutet, dass du dich selbst in deiner Tiefe hinterfragst und darauf schaust, wer du wirklich bist!

Viele Selbstbilder, die du erzeugt hast, werden verschwinden, viele Verhaltensweisen werden sich ändern, und doch wirst du merken, dass das, was bleibt, das ist, was du schon immer warst.
Die Veränderung liegt nicht darin, dass du ein neuer Mensch wirst, sondern viel mehr darin, dass du zu dir selbst stehst und dich nicht mehr versteckst!
Das bedeutet, dass sich sowohl nach außen als auch in deinem Inneren viel verändern wird, jedoch wird sich das für dich so anfühlen, als würdest du dich einfach mehr trauen, du selbst zu sein. Du weißt, dass sich etwas verändert hat, doch du weißt auch, dass du schon immer so warst – du hattest lediglich die Verbindung zu dir selbst verloren.
Nun möchte ich dir noch eine persönliche Geschichte erzählen, um dir zu zeigen, wie ich mich in diesem noch immer laufenden Prozess fühle und welche Herausforderungen auf mich gewartet haben.

Ich habe in meinem Leben öfter Erfahrungen gemacht, bei denen ich ausgegrenzt und gemobbt wurde, weswegen ich noch heute merke, wie mein Körper mich davor warnt, offen auf Menschen zuzugehen, obwohl ich das gerne möchte.
So war es oft so, dass ich sehr darauf geachtet habe, welche Signale mir die andere Person sendet – ob sie mir zugewandt war oder mir Körpersprache zeigte, die mir signalisierte, dass sie kein Interesse an mir hatte. Doch wie war es bei mir?
Habe ich den anderen Personen mit meinem Verhalten gezeigt, dass ich sie gerne kennenlernen möchte?

War ich selbst offen und habe signalisiert: "Hey, ich habe Lust, mit dir zu sprechen und dich kennenzulernen"?
Nein, das habe ich nicht getan. Viel zu groß war die Angst, wieder verletzt und fertiggemacht zu werden.
Wir hatten eine Tischtennis-Prüfung, bei der ich eine sympathische Kommilitonin kennengelernt habe.
Beim Warmspielen fragte sie mich, ob wir die Prüfung zusammen machen wollten, weil ihr eigentlicher Partner gerade nicht verfügbar war.
Ich habe zugestimmt, und dann sind wir zur Prüfung angetreten.
Es hat leider nicht so gut geklappt wie beim Warmspielen, und ich habe mich sehr darüber geärgert, weil es für sie um eine Note ging und ich manchmal den Ball nicht so zurückgespielt habe, wie sie es gebraucht hätte.
Als die Prüfung vorbei war, hatte ich sofort extrem negative Gedanken, bei denen ich mich innerlich fertigmachte.
Ich habe mir eingeredet, dass die Kommilitonin mich jetzt sicher hassen würde und nichts mehr mit mir zu tun haben möchte. Und ja, kein Scherz – ich habe diese Gedanken wirklich gehabt. Ich habe wahrgenommen, wie ich mich völlig fertiggemacht habe.
Das Gute war jedoch, dass ich so bewusst war, dass ich mir die Frage stellte: Ist das, was mir mein Kopf erzählt, wirklich wahr?
Ich hatte gemerkt, wie irrational meine Gedanken wurden und wie übertrieben mein Geist auf diese

Situation reagiert hatte.
Ich hatte erkannt, dass ich mich um mich selbst kümmern musste und unbedingt tiefer in mich hinein hören sollte, weil ein Teil in mir enorme Angst vor dem Versagen hatte und glaubte, dass er, wenn er Fehler macht, nicht mehr dazu gehören würde, dass er ausgeschlossen wird und schließlich einsam sein würde.
Also beschloss ich, mich abends hinzusetzen und darüber zu meditieren.
Ich hatte schon zuvor gemerkt, dass ich in der Zeit, in der ich Prüfungen hatte, öfter am Handy war, mich ablenken wollte und meine Meditationen immer kürzer wurden.
Zu diesem Zeitpunkt hatte ich richtig gespürt, dass ich vor etwas weglaufen wollte, und fühlte mich extrem kraftlos und ausgelaugt.
Auch an dem Tag, an dem ich abends zu Hause saß, fand ich mich erstmal wieder vor meinem Laptop. Doch dann sagte ich mir endgültig: "Ich muss jetzt meditieren. Ich muss mich diesem Gefühl jetzt stellen."
Ich ging zu meinem Meditationskissen, setzte mich darauf, stellte meinen Timer auf 20 Minuten und begann, mich zu erden.
Von Anfang an wollte mein Körper aufstehen und nicht weitermeditieren, doch ich hatte meine Atmung und beobachtete einfach den Prozess, schaute, was passierte.
Mein Rücken tat weh, meine Gedanken kreisten, ich fühlte mich sehr unwohl und unruhig, doch ich

machte weiter und atmete langsam weiter.
Irgendwann kamen Gedanken hoch wie: "Du bist ein Versager, immer und immer wieder: Du bist ein Versager." Und dann wurde mir bewusst, wie groß die Angst vor dem Versagen war.

Ich schaute mir die Angst an, ließ sie zu und sagte: „Es ist okay."
Als ich das sagte, fing mein Körper an, loszulassen. Ich begann zu weinen und ließ einfach los.
In dem Moment, als ich mir das „Okay" gegeben hatte, begann ich sofort zu weinen und spürte, wie sehr mich diese Emotion belastet hatte.
Ich merkte, wie viel Energie freigesetzt wurde und wie viel Kraft ich aufbringen musste, um das Ganze unterdrücken zu können.
Doch bevor ich wirklich losgelassen hatte, hatte ich das Gefühl, dass ich es nicht schaffe! Alles in mir wehrte sich dagegen. Ich wollte wieder eine Serie schauen, mich irgendwie ablenken – nur nicht meditieren, nur nicht fühlen.
Erst als ich wirklich bereit war, mich dem Schmerz zu stellen und die Kontrolle abzugeben, fühlte ich mich wieder gut.
Nachdem ich geweint hatte, meditierte ich weiter und spürte einen Frieden in mir, als wäre eine enorme Last von mir abgefallen.
Danach ging es mir viel besser, und ich hatte wieder viel mehr Kraft zur Verfügung.
Allgemein ist Trauma-Integration ein Prozess, der in Wellen verläuft. Manchmal gibt es Phasen, in denen du dich unglaublich gut fühlst, du spürst, wie viel befreiter

du bist und erlebst mehr Lebensfreude und Selbstwirksamkeit. Manchmal bedeutet Trauma-Integration jedoch auch, viel Durchhaltevermögen zu zeigen!
Disziplin, Neugier, Geduld, Fürsorge und Selbstliebe gehören dazu.
Du wirst schlechte Tage haben, du wirst immer wieder auf Schwierigkeiten stoßen, aber du wirst auch wundervolle Tage erleben. Du wirst merken, wie viel sich verbessert hat und wie viel mehr du jetzt tun kannst – Dinge, die früher unmöglich schienen.
Deshalb ist es so wertvoll, diesen Prozess zu durchlaufen, mit all seinen Schwierigkeiten.
Je mehr wir uns unserer Innenwelt hingeben, desto mehr lernen wir, uns selbst zu vertrauen.
Haben wir erst einmal gelernt, die Widerstände in uns selbst zu lösen, wird uns das Überwinden dieser Widerstände eine unermessliche Weisheit und Größe verleihen!
Wachstum entsteht durch das Überwinden von Widerständen, also nutze diesen Prozess, um an dir selbst zu wachsen!
Trauma-Integration ist kein Fluch, Trauma ist kein ewiges Schicksal – sondern sieh Trauma als eine Chance zu wachsen, so paradox es auch klingen mag.
Ein Mensch, der seine Traumata überwindet, ist ein sehr starker Mensch und wird sich vielen Herausforderungen stellen können, denn den größten Kampf hat er bereits gewonnen: den Kampf mit sich selbst.

Als Nächstes möchte ich noch die körperlichen Aspekte von verdrängten Emotionen erklären.
Es ist wichtig, dass wir Trauma nicht nur als ein geistiges Problem sehen. Vielmehr ist es ein körperliches Problem. Traumata werden im Körper gespeichert, und die körperlichen Symptome dürfen nicht unbeachtet bleiben. Unser Nervensystem gerät durch Traumata sehr schnell in den Kampf- oder Fluchtmodus und ist oft dysreguliert. Menschen mit Traumata haben oft große Schwierigkeiten, Ruhe zu finden und sich zu entspannen – nicht aufgrund kognitiver Probleme, sondern weil ihr Nervensystem das Ganze schlichtweg nicht zulässt. Außerdem ist es so, dass du, wenn du dich auf diesen Prozess einlässt, dir bewusst werden musst, dass dein Körper manchmal sehr stark auf diesen Prozess reagieren kann. Um dir das näher zu verdeutlichen, möchte ich dir nun erzählen, was ich in diesem Prozess auf der körperlichen Ebene alles durchgemacht habe.

In der Meditationspraxis lernt man nach und nach, seinen Körper immer besser kennenzulernen und seine Körperempfindungen immer stärker wahrzunehmen, ihnen Raum zu geben.
Als ich irgendwann in der Lage war, längere Meditationen durchzuführen, fiel mir auf, dass mein Rücken zu einem bestimmten Zeitpunkt extrem schmerzte.
Jedoch hatte ich zu diesem Zeitpunkt bereits gelernt, alles so zu lassen, wie es ist. Also ließ ich das Phänomen einfach geschehen und gab dem Schmerz den Raum, den er brauchte.
Natürlich war das alles andere als angenehm, aber

ich wollte herausfinden, was in mir passiert, wenn ich den Schmerz einfach akzeptiere, anstatt ihn loswerden zu wollen.
Also konzentrierte ich mich weiter auf meine Atmung und beobachtete einfach, was geschah. Je mehr ich atmete, desto weniger nahm ich den Schmerz wahr. Vielmehr bemerkte ich, dass mein Körper nach und nach die Anspannung und den Schmerz losließ.
Ich konnte mich immer mehr in die Meditation entspannen und spürte, wie sich mein Rücken erholte und wie sich in mir ein gewisser Frieden ausbreitete. Diese Erfahrung machte ich dann öfter in der Meditation, und in der darauffolgenden Zeit bemerkte ich, dass ich im Alltag mit bestimmten Situationen leichter umgehen konnte als zuvor.
Ich fühlte mich sicherer und hatte nicht mehr so sehr das Gefühl, mich ständig schützen zu müssen.
Dann nahm ich diesen Prozess auch im Sport wahr, und das ist mir ein Anliegen, in diesem Buch mit euch zu teilen. Denn ich glaube, viele wissen nicht, dass sich dieser Prozess auch auf die körperliche Leistung auswirken kann.
Ich bin Sportstudent und muss dementsprechend relativ fit sein und mich regelmäßig sportlich betätigen.
In einer bestimmten Phase meines Prozesses fühlte sich mein Körper jedoch komisch an und zeigte Symptome, die ich beim Sport vorher nie hatte.
Plötzlich verspürte ich beim Sport einen Druck in der Lunge und im Herzbereich, oder ich hatte das Gefühl, dass sich alles zusammenzog und ich keine Luft

bekam.
Dieses Gefühl machte mir so viel Angst, dass ich, wenn es zu stark wurde, meine Sportaktivität abbrach oder mich im Spiel auswechseln ließ, da ich kaum noch Luft bekam.
Es gab keine ärztlichen Befunde, und mein Krafttraining lief wunderbar, also konnte es nicht an einer Herzkrankheit liegen. Was war also los mit mir? Beim Schwimmen hatte ich genau das gleiche Problem: Ich hatte stets das Gefühl, dass sich meine Lunge zusammenzog, und eine Körperempfindung, die ich nicht deuten konnte, tauchte immer wieder in meiner linken Brust auf.
So gab es eine Zeit, in der mir Ausdauersport sehr schwerfiel.
Doch ich blieb dran, machte einfach weiter und akzeptierte, dass diese Probleme momentan da waren.
Ich hatte schon so viele Phasen mit Panik und Ängsten durchlebt oder Zeiten, in denen mir plötzlich Dinge schwerfielen, die vorher kein Problem für mich waren. Also sagte ich mir: „Das ist nur ein weiterer Schritt in meinem Prozess."
Auch hier gab es zwei Wege: Ich hätte mich fertig machen und mich dafür verurteilen können, dass meine sportlichen Leistungen zu diesem Zeitpunkt nicht gut waren und ich mehr von mir erwartete, oder ich konnte den Weg akzeptieren, den ich gerade ging. Ich akzeptierte, dass mein Körper momentan sehr viel damit zu tun hatte, aufkommende Emotionen zu

verarbeiten, und dass es mich einfach viel Kraft kostete.

In einem Fußballspiel sagte ich mir, egal was passiert, ich versuche so lange auf dem Feld zu bleiben, wie es geht, und beobachte diese Körperempfindung, um herauszufinden, was passiert, wenn ich einfach weitermache.
Ich wusste, dass es keine Krankheit war, ich wusste, dass nichts mit meinem Herzen nicht stimmte, und ich wusste, dass das Ganze viel mehr in meinem Kopf ablief und eher etwas Psychosomatisches war.
Ich hatte auch beobachtet, wann genau diese Empfindungen auftraten.
Es war immer kurz vor der Halbzeit, also konnte ich mich schon mal darauf einstellen.
Dann war es soweit, und ich begann wieder das Gefühl zu bekommen, dass ich nicht mehr konnte, meine Atmung wurde extrem schwer, und ich hatte das Gefühl, ich könnte nicht mehr sprinten. Also rettete ich mich erst einmal in die Halbzeit.
Nach der Halbzeit hatte ich in den ersten zehn Minuten dasselbe Problem, bis ich das Gefühl in meinem Kopf nicht mehr bekämpfte und meinen Fokus darauf verlor.
Danach hatte ich sehr schnell wieder das Gefühl, Luft zu bekommen, und spielte das erste Mal wieder 90 Minuten durch.
Das war dann auch das letzte Mal, dass ich diese Probleme verspürte, und danach konnte ich wieder spielen, wie es vorher war.

Ein Jahr später begann ich wieder mit dem Schwimmen und ging zurück ins Training. Vorher hatte ich jedoch nichts mehr gemacht. Als ich das erste Mal seit einem Jahr wieder im Wasser war, merkte ich sofort, dass ich mich ganz anders fühlte.

Mein Körper war viel entspannter, ich hatte viel mehr Luft zur Verfügung und erzielte sofort Leistungen, die mir zuvor extrem schwer gefallen oder gar nicht möglich waren.

Das unangenehme Gefühl, das ich beim Schwimmen gehabt hatte, war verschwunden, und ich hatte viel mehr das Gefühl, alles viel besser steuern zu können. So bemerkte ich, dass ich in meinem Prozess bereits deutlich weiter war.

Es ist tatsächlich so, dass du dich viel leichter fühlst, wenn der Körper Emotionen loslässt.

Alles fühlt sich gelassener an, du bist nicht mehr so extrem angespannt, nicht mehr so stark getrieben, und das lässt dich fast federleicht fühlen.

Mit diesen Geschichten aus meinem Leben möchte ich euch zeigen, dass es vollkommen normal ist, wenn sich verschiedene Symptome zeigen.

Ihr könnt auf körperlicher Ebene plötzlich unterschiedlichste Symptome entwickeln – das gehört alles zum Prozess dazu und ist ein Zeichen dafür, dass euer Körper gerade viel mitarbeitet und am Verarbeiten ist.

Erschreckt euch nicht und lasst euch nicht entmutigen, falls das passiert, sondern seht es als positives Zeichen, dass sich jetzt wirklich etwas ändert.

Seid gut zu euch in dieser Zeit und lernt, euch fürsorglich zu begegnen.
Es kann sein, dass manche Symptome erst schlimmer werden, bevor es besser wird.
Es kann sein, dass euer System manchmal sehr extrem reagiert. Wie ich bereits im Buch beschrieben habe, gab es bei mir Zeiten, in denen ich mich übergeben musste, als ich mit Emotionen konfrontiert wurde.
All das ist nicht gegen euch, sondern stellt einen Schutzmechanismus dar – eine Barrikade, die euch vor einem Schmerz bewahren möchte, der früher zu viel für euch war.
Diese Schutzmechanismen dürfen langsam und behutsam abgebaut werden, mit allem, was dazu gehört, also auch mit den starken Reaktionen deines Körpers.

Eine weitere Phase, die ich euch mitgeben möchte, ist die Phase, in der gefühlt alles auf einmal hochkommt. Es kann eine Phase auftreten, in der du dich plötzlich in einer Negativspirale wiederfindest. Das passiert häufig im Prozess, wenn wir realisieren, was uns alles Probleme bereitet und in uns sehr stark das Gefühl von „Ich bin nicht gut genug" getriggert wird.
Auf einmal merkst du, wie viele „Baustellen" du hast, und du bekommst Angst, weil dir alles zu viel wird und du nicht weißt, wie du das alles bewältigen sollst.
Du fokussierst dich plötzlich nur noch auf die Dinge, die du nicht kannst, und findest wenig Ressourcen, um dich auf das zu konzentrieren, was gut läuft. Vor

allem verlierst du in dieser Phase den Blick dafür, was sich alles schon zum Positiven verändert hat.
In dieser Phase ist das Pacing sehr wichtig. Falls du in Therapie bist, solltest du deinem Therapeuten vertrauen.
Denn in solchen Phasen sind wir häufig so in unseren Mustern gefangen, dass wir nur noch unseren Instinkten folgen und somit in alte Verhaltensmuster zurückfallen. Doch wir wollen ja neue Muster entwickeln und nicht wieder in alte kindliche Muster verfallen. Deshalb sage ich noch einmal: Vertraue deinem Therapeuten, er weiß, was jetzt gut für dich ist!
Gerade in dieser Phase ist es wichtig, wieder zu deinen Ressourcen zurückzufinden, raus aus dem negativen Denken und hin zu den Ressourcen, die du bereits aufgebaut hast. Lass dein Nervensystem sich wieder regulieren, dann wird alles gut, und die Welt fühlt sich wieder ein Stück weit sicherer an.

Vermeidungsstrategien:

Ich habe in diesem Buch bereits erwähnt, dass wir als Kinder, wenn wir Emotionen verdrängen mussten, Kompensations- bzw. Vermeidungsstrategien entwickeln mussten, um mit bestimmten Situationen umgehen zu können und uns zu stabilisieren.
Was sind Vermeidungsstrategien und wie sehen sie aus? Das zu definieren, scheint auf den ersten Blick einfach, jedoch muss man bei einigen Aspekten differenzierter hinschauen, denn manche Vermeidungsstrategien können in einem gesunden Maß genutzt eine sehr gute Ressource darstellen.
Im Grunde genommen sind Vermeidungsstrategien Handlungen, die wir ausführen, um Emotionen nicht fühlen zu müssen. Und das kann viele Formen annehmen.
Hier einige Beispiele für Vermeidungsstrategien: Alkohol, Drogen, Spielsucht, ambivalentes Verhalten, Sex, Masturbation, übermäßiger Sport, sich mit Informationen überhäufen, Grübeln, sogar Selbsttherapie kann eine Vermeidungsstrategie sein, Lügen, Schüchternheit, Angeberei, übermäßige Extrovertiertheit, Misstrauen, Helfersyndrom usw.
Man sieht also, dass viele unserer Verhaltensmuster Vermeidungsstrategien sein können, um gewissen Emotionen aus dem Weg zu gehen.
Vermeidungsstrategien dienen dazu, uns in Sicherheit zu wiegen. Sie sind keineswegs gegen uns, sondern waren bis zu einem bestimmten Zeitpunkt überlebenswichtig, um uns zu schützen.
Wenn du ständig toxischem Stress ausgesetzt warst und

als Kind keinen sicheren Ort hattest, an dem du dich mit deinen Emotionen sicher fühlen konntest, musstest du zwangsläufig Strategien entwickeln, um mit deinen Emotionen umzugehen.
Jeder hat auf seine ganz individuelle Weise etwas gefunden, womit er seine Psyche stabilisieren konnte und wieder in einen Zustand zurückfand, in dem er all das ertragen konnte.
Das bedeutet wiederum, dass, wenn du daran arbeiten möchtest, bestimmte Verhaltensmuster zu durchbrechen, es sehr wichtig ist, auch hier mit Akzeptanz und Selbstliebe diesen Verhaltensmustern zu begegnen, da sie dich dein ganzes Leben lang beschützt haben und immer für dich da waren.
Wie kann es also sein, dass Therapie oder Sport auch eine Vermeidungsstrategie sind, wenn sie doch eigentlich große Ressourcen darstellen?
Hier ist es wichtig zu hinterfragen, wie du zum Beispiel Sport für dich nutzt.
Sport ist durchaus eine wertvolle Ressource. Er kann uns helfen, Stress abzubauen, stärkt unser Selbstbewusstsein, ist gesund für unseren Körper, fördert eine positivere Stimmung und hat noch viele weitere gute Aspekte. Doch es kommt darauf an, wie ich Sport für mich selbst nutze. Es gibt nämlich Menschen, die Sport betreiben, um vor ihren Emotionen davonzulaufen.
Sie wollen sich nicht schwach fühlen oder ihre Unsicherheiten überdecken, tragen tief in sich das Gefühl, „Ich bin nicht gut genug", und versuchen nun mit Sport in ein bestimmtes Bild zu passen, von dem sie sich versprechen, dass sie nur dann „gut genug" sind, wenn sie dieses Bild erreichen.
Warum ist die Fitnessbewegung in den letzten Jahren so

groß geworden?
Sind wir bewusster geworden?
Oder beruhte diese Bewegung eher auf einem Mangelgefühl?
Sind die Menschen wirklich im Fitnessstudio, um sich selbst zu verbessern, oder wollen sie tief in ihrem Inneren eher dazugehören und glauben, sie müssten sich fit halten?
Das sind Fragen, die jeder für sich selbst beantworten muss.

Nur ist es sehr wichtig herauszufinden: Was sind die Beweggründe für dein Verhalten?
Was möchtest du damit erreichen und vor allem, was möchtest du mit diesem Verhalten vermeiden?
So findest du schnell heraus, ob das, was du tust, eine Vermeidungsstrategie oder eine Ressource ist.
Therapie als Vermeidungsstrategie ist ein sehr wichtiges Thema, das ich nun etwas genauer erklären möchte, da ich glaube, dass viele Menschen, die in Therapie gehen, betroffen sind. Ich denke, fast jeder durchläuft in der Therapie eine Phase, in der man zwar über seine Probleme spricht, aber noch nicht bereit ist, sich der Verantwortung zu stellen und wirklich etwas zu verändern.
Sehr oft ist es so, dass wir mit der Vorstellung in die Therapie gehen, wir erzählen von unseren Problemen, und der Therapeut wird uns dann heilen.
Er zeigt uns Tipps und durch die Gespräche wird sich etwas ändern.
Wir sind so verzweifelt, dass wir darauf hoffen, der Therapeut wird wie der weiße Ritter auf dem Pferd

kommen und uns aus der dunklen Zeit rausholen.
So dienen die Gespräche in der Therapie unterbewusst dazu, die Verantwortung an den Therapeuten abzugeben, in der Hoffnung, er wird das Problem für uns lösen.
Doch so funktioniert das nicht!
Der Therapeut ist dazu da, dich zu deinen Problemen zu führen, dir deine Glaubenssätze aufzuzeigen und dich dorthin zu leiten, wo du hinmusst, damit du dann deine Probleme selbst lösen kannst.
Das heißt, ein Therapeut ist lediglich ein Wegbegleiter. Den Weg selbst musst du gehen.
Die schweren Entscheidungen, die zu einer Veränderung führen, musst du treffen.
Deinen Emotionen kannst nur du begegnen; dein Therapeut kann dir lediglich zur Seite stehen, doch die Verantwortung liegt bei dir.
Das ist ein Grund, warum manche Menschen in der Therapie oft keine Erfolge bei sich sehen – weil das Gespräch an sich bereits eine Form der Vermeidung ist.
Man redet sich das Leid von der Seele, in der Hoffnung, die Problematik würde dadurch verschwinden, um sich nicht der unangenehmen Situation stellen zu müssen.
Ich habe das selbst sehr oft in meiner Therapie erlebt. Ich bin häufig mit meinen Problemen zur Therapie gegangen und habe sie meiner Therapeutin oder meinem Therapeuten erzählt, in der Hoffnung, dass durch das Erzählen auf magische Weise irgendetwas passiert und ich als neuer Mensch aus der Therapie

herausgehe – plötzlich dem Leben gewachsen und in der Lage, mit den Situationen, die mir unangenehm waren, umzugehen.
Die Frustration war natürlich manchmal sehr hoch, weil es so nicht funktioniert hat.
Wir wünschen uns oft, dass das Leben leichter wird, damit wir uns nicht mehr den unangenehmen Dingen stellen müssen. Doch genau darin liegt die Kraft des Lebens.
In der Therapie oder einem Coaching wirst du niemals erfahren, dass das Leben leicht ist, denn das ist es nicht.
Vielmehr wirst du erfahren, dass die Welt so ist, wie sie ist, und wie du nun wachsen kannst, um ein gutes und glückliches Leben zu führen.
Ja, es gibt Entscheidungen, die Angst machen. Ja, es gibt Situationen, die uns nicht leichtfallen. Aber du kannst das bewältigen!
Dir wird vielmehr gezeigt, wie stark du bist und wie du deine Ressourcen nutzen kannst, um dich den Herausforderungen zu stellen.
Die Widerstände zu überwinden, das musst du jedoch selbst tun!
Achtung, ein Kalenderspruch:
„Die Welt wird nicht leichter, aber du wirst stärker!"

Um Vermeidungsstrategien abzulegen, ist es wichtig, zu erkennen, dass du die Situationen und Emotionen, die du bisher vermieden hast, aus heutiger Sicht anders

bewerten kannst. Dadurch musst du sie nicht länger vermeiden und kannst lernen, sie zu bewältigen.
Hier kommen unsere Ressourcen ins Spiel, die wir als Erwachsene besitzen – Ressourcen, die wir als Kinder nicht hatten.
Wie ihr merkt: Emotionale Integration funktioniert nur durch Bewusstmachen und den Aufbau neuer Ressourcen. Ohne diese können wir keine neuen Erfahrungen machen!

Ich möchte euch eine persönliche Geschichte erzählen, um zu erklären, wie sich Vermeidungsstrategien entwickeln können:
Schon in meiner Kindheit und später in der Pubertät hatte ich häufig mit Angstzuständen und Panikattacken zu kämpfen. Ich wusste nicht, wie ich damit umgehen sollte. Meine Eltern haben ihr Bestes gegeben, um für mich da zu sein, doch ich denke, es war auch für sie schwer zu verstehen, was mit mir los war.
Ich hatte oft Angst vor schweren Krankheiten und generell Angst vor dem Tod. So hatte ich zum Beispiel vor dem Schlafengehen Angst, einzuschlafen und nicht mehr aufzuwachen.

Irgendwann als ich dann in der Pubertät meine schöne Sexualität entdeckt hatte, habe ich gemerkt, dass wenn ich erregt bin und ich an Sex denke, das mich aus Angstzuständen rausholt.

So habe ich es mir angewöhnt, wenn ich sehr starke Ängste hatte und ich nicht aus diesem Zustand rausgekommen bin, dass ich masturbiert habe, um mich zu beruhigen und aus den schlimmen Angstzuständen rauszukommen.

Ich wusste zu diesem Zeitpunkt nicht, wie man Ängste anders regulieren kann.
Wie auch? Ich war vielleicht 12 oder 13 Jahre alt und glaubte selbst, dass irgendetwas mit mir nicht stimmt.
In solchen Momenten greift man zu allem, was einem hilft, um sich zu beruhigen und sich wieder besser zu fühlen.
Zum Glück ist es bei mir nie so weit ausgeartet, dass ich süchtig geworden bin. Dennoch war es damals eine hilfreiche Strategie, um mich aus sehr intensiven Zuständen zu befreien und mich wieder „sicher" zu fühlen.

Nach und nach habe ich bessere und konstruktivere Methoden gelernt, um mit meinen Emotionen umzugehen und mir Sicherheit zu geben.
Doch als Kind kannte ich keine andere Möglichkeit – deshalb hat mir diese Strategie oft buchstäblich das Leben gerettet.
Daran erkennt man, wie intelligent unser System ist.
Genau das ist passiert, was ich bereits in diesem Buch beschrieben habe:
In dem Moment, in dem ich mir etwas vorgestellt habe, das mich erregt hat, war ich in der Lage, von einer unangenehmen zu einer angenehmen Emotion zu wechseln.
Diese Fähigkeit besitzen wir alle schon als Kinder – und wir wenden sie intuitiv an!

Auch diese Geschichte zeigt, wie wertvoll die Fähigkeit sein kann, zwischen zwei Emotionen pendeln zu können, um sich zu beruhigen und sich Sicherheit zu geben.

Zusammenfassung des Kapitels „Emotionen":
In diesem Kapitel hast du gelernt:

- Was Emotionen sind
- Wie du Emotionen halten und fühlen kannst
- Wie wichtig Ressourcen sind
- Wie du Emotionen und Traumata integrierst
- Was alles auf deinem Weg passieren kann
- Wie du mit deiner Angstreaktion umgehen kannst
- Was Vermeidungsstrategien sind
- Die Arten des Verdrängens
- Die Psychodynamik zwischen Gedanken und Emotionen
- Wie du Sicherheit in deinem Körper integrierst

Dein Geist

Kommen wir nun zu unserem Verstand!
Die erste Frage, die ich dir stellen möchte, lautet: Was sind überhaupt Gedanken?
So trivial diese Frage auch klingen mag, so ungewöhnlich ist sie doch, denn nur wenige Menschen denken wirklich darüber nach.

Die meisten sind so sehr mit ihren Gedanken identifiziert, dass sie glauben: *„Meine Gedanken, das bin ich. Ich bin meine Gedanken."*
Doch genau das ist ein großer Irrtum. Diese Annahme verursacht viel Leid, wenn wir nicht verstehen, wie unser Verstand funktioniert und was Gedanken eigentlich sind.

Ich möchte nun mit dir eine kleine Übung machen, um dir zu verdeutlichen, was Gedanken wirklich sind – und wie wenig du tatsächlich mit ihnen zu tun hast.

Schließe deine Augen und atme einmal tief durch.
Stelle dir nun eine wunderschöne Landschaft vor: Du siehst einen strahlenden Strand, einige Menschen, die ins Meer gehen, die Sonne scheint hell und der Himmel ist klar, ohne eine einzige Wolke.

Nun sag mir: Was passiert gerade in deinem Geist?
Kannst du diese Landschaft klar und deutlich vor deinem inneren Auge sehen?

Doch wer beobachtet diese Landschaft gerade?
Wer nimmt diese Gedanken wahr?

Eines ist dir sicherlich bewusst: Deine Vorstellungen sind lediglich Gedanken.
Aber wer beobachtet das Ganze eigentlich?

Das beobachtete Objekt kann nicht der Beobachter selbst sein.
Also – kannst du wirklich deine Gedanken sein?

Stelle dir nun das sanfte Rauschen des Meeres vor. Du hörst die Wellen, die immer wieder ans Ufer schlagen. Im Hintergrund nimmst du Stimmen von Menschen wahr, die sich unterhalten und lachen. Plötzlich hörst du ein Flugzeug, das über euch hinwegfliegt.

Sag mir: Wo genau hörst du diese Geräusche in deinem Kopf?
Stelle dir die Geräusche bewusst vor und achte einmal genau darauf, *wo* diese Klänge in dir auftauchen.

Und wieder frage ich dich: Wer hört diese Geräusche?

Du wirst schnell erkennen, dass es in dir etwas Tieferes gibt – etwas, das deine Gedanken und auch deine Emotionen wahrnimmt.

Dieses „Etwas" nennen wir *Bewusstsein*.

Was sind Gedanken also wirklich?
Gedanken sind lediglich auditive oder visuelle Eindrücke unseres Geistes.

Und das Entscheidende ist:
Wir können Gedanken kommen und gehen lassen – ganz bewusst.

Heutzutage wird dem Verstand jedoch eine so große Bedeutung beigemessen, dass wir viel zu sehr mit ihm identifiziert sind und ihm alles glauben, was er uns sagt.
Der Satz *„Ich denke, also bin ich"* klingt zwar schön, ist aber falsch!
Andersherum ergibt er viel mehr Sinn: *„Du bist, also denkst du!"*

Wir besitzen einen denkenden Geist, doch dieser ist nur ein Teil von uns.
Es gibt verschiedene Angaben darüber, wie viele Gedanken wir täglich denken. Am häufigsten wird von etwa 60.000 Gedanken pro Tag gesprochen.

Doch wie viele dieser Gedanken **warst** du heute wirklich?

Wenn du denkst, du wärst ein Vogel – kannst du dann fliegen?

Gedanken können zwar unsere Realität bis zu einem gewissen Grad formen, doch sie haben klare Grenzen!

Gerade deshalb ist es wichtig, sich mit diesem Thema auseinanderzusetzen, um sich von seinen Gedanken zu distanzieren und eine neue Perspektive auf sie zu gewinnen.
Denn eines steht fest: Unsere Gedanken haben einen

großen Einfluss darauf, wie wir die Welt wahrnehmen, wie wir uns selbst sehen und wie wir auf andere wirken.

Das Monkey Mind

Monkey Mind ist ein Begriff, der einen unruhigen Geist beschreibt, der unkontrolliert von einem Gedanken zum nächsten springt – oft geprägt von negativen Gedanken.

Ein untrainierter Geist neigt dazu, negativ zu denken.

Um das zu verstehen, musst du wissen, wofür unser Verstand da ist und welche Funktion er für uns erfüllt.

Unser Verstand ist eine wunderbare Fähigkeit, wenn wir ihn bewusst nutzen. Er besitzt enorme schöpferische Energie. Schau dich doch einmal um: Wie viele großartige Dinge siehst du täglich, die wir mit Hilfe unseres Verstandes erschaffen haben?

Dank unseres Geistes haben wir es geschafft, eine Kultur aufzubauen, in der wir nicht mehr ums Überleben kämpfen müssen. Stattdessen leben wir in Freiheit und Frieden und können uns selbst verwirklichen.

Wir können den gesamten Planeten bereisen, jeden Menschen auf der Welt kontaktieren (wenn er Zugang zum Internet hat), und wir können sogar unseren Planeten verlassen und ins All fliegen.

All das verdanken wir unserem Verstand, der zu wahren Wundern fähig ist.

Doch leider nutzen wir unseren Geist oft nicht für uns, sondern gegen uns. Wir richten unseren Fokus auf die falschen Dinge und schenken unseren Gedanken zu viel Glauben.

Wie bereits erwähnt, sind Gedanken lediglich visuelle oder auditive Eindrücke in unserem Geist – und viele davon dienen uns nicht!

Ein untrainierter Verstand konzentriert sich häufig auf negative Ereignisse, um dir dabei zu helfen, Lösungen zu finden.

Unser Verstand ist eine **Problemlösungsmaschine**. Er gibt sein Bestes, um uns im Alltag zu unterstützen.

Doch viele Probleme, die wir heute haben, sind keine echten Probleme mehr. Und viele Ängste, die uns beschäftigen, sind längst nicht mehr bedrohlich.

Trotzdem springt unser Geist immer wieder in die Vergangenheit, ruft Situationen hervor, in denen wir Fehler gemacht haben, und hält uns stundenlang im Grübeln fest.

Wir denken darüber nach, wie wir es hätten besser machen können, und merken dabei gar nicht:

Diese Situation ist längst vorbei.

Wir könnten sie einfach loslassen und uns wieder auf das Hier und Jetzt konzentrieren.

Egal, wie oft du eine Situation in Gedanken durchgehst – die Vergangenheit wird sich nicht ändern. Wenn du jedoch zu lange an der Vergangenheit festhältst, hältst du auch an der Angst fest, etwas falsch zu machen. Wirst du dann wirklich in der Lage sein, in der Gegenwart eine neue Entscheidung zu treffen?

Wirst du die Gelassenheit und Klarheit haben, um dich in einer Situation wohlzufühlen? Oder wirst du dir immer wieder vor Augen führen, was auf keinen Fall passieren darf, und dich dadurch wahrscheinlich verkrampfen?

Angst ist eine selbsterfüllende Prophezeiung.

Solange wir unsere Ängste nicht loslassen, werden sie sich immer wiederholen.

Unser Geist neigt oft dazu, sich Horrorszenarien auszumalen: Was passiert, wenn die nächste Prüfung schlecht läuft? Was ist, wenn etwas Schlimmes passiert? Es gibt tausend Dinge, die unser Kopf sich vorstellen kann.

Doch wie oft sind diese negativen Szenarien tatsächlich genauso eingetreten?

Nie!

Wir können viel über uns selbst lernen, wenn wir unsere Gedanken achtsam beobachten. Frag dich doch mal:

Warum ist es dir so wichtig, erfolgreich zu sein? Und warum hast du solche Angst davor, in der Zukunft zu versagen?

Was steckt wirklich hinter dieser Angst?

Abgesehen davon, dass wir die Horrorszenarien in unserem Kopf einfach ignorieren können – denn sie sind nichts weiter als Bilder in unserem Kopf, wie ein selbst erdachter Horrorfilm – können wir auch viel über uns selbst lernen.

Diese Ängste basieren oft auf tief verwurzelten Glaubenssätzen, die uns anerzogen wurden und uns vorgaukeln, wie das Leben zu funktionieren hat.

Denn genau das sind Gedanken:

Das Echo unserer Vergangenheit.

Unser innerer Kritiker ist oft nur die Summe der kritischen Stimmen, die wir in unserer Kindheit aus unserem Umfeld gehört und übernommen haben. Wir haben sie verinnerlicht, um nicht mehr kritisiert oder beschämt zu werden.

Doch dieser innere Kritiker bist nicht wirklich du!

Um dich besser von ihm zu distanzieren, gib ihm doch einfach einen Namen.

Nenn deinen inneren Kritiker zum Beispiel *Peter*.

Und jedes Mal, wenn du merkst, dass du dich selbst kritisierst, erkenne ihn bewusst an und sage dir:

"Ach Peter, ich habe dich heute schon vermisst. Schön, dass es dich noch gibt."

Ich weiß, das ist am Anfang sehr schwer, doch nimm deine eigenen Gedanken nicht so ernst. Sehr oft erzählt dir dein Kopf Geschichten aus dem Paulaner-Garten, und wir dürfen darüber auch einfach mal lachen und uns dann auf etwas konzentrieren, das uns guttut.

Jetzt stellt sich natürlich die Frage: Wie begegnen wir negativen Gedanken?
Wie schaffe ich es, aus einem negativen Gedankenstrudel auszubrechen und mich mehr auf das Positive zu konzentrieren?

Auch hier ist es wichtig zu verstehen, dass wir negative Gedanken nicht vermeiden können. Wir dürfen lernen, dass negative Gedanken nun einmal dazugehören – und die hat jeder von uns.
Es gibt keinen Menschen auf diesem Planeten, der noch nie einen negativen Gedanken hatte, und den wird es auch nie geben.

Dennoch gibt es Möglichkeiten, mit negativen Gedanken so umzugehen, dass sie nicht mehr die Aufmerksamkeit bekommen, die wir ihnen normalerweise schenken. Der allererste Schritt ist die **Akzeptanz** deiner negativen Gedanken.

Der Grund, warum sie so eine große Rolle in deinem Leben spielen, ist der, dass du keine negativen Gedanken in deinem Leben haben willst! Dadurch wird automatisch jeder negative Gedanke von deinem Verstand fokussiert und in den Vordergrund gestellt. Was will dein Verstand in diesem Moment tun?
Er will das Problem lösen – also muss er sich auf den negativen Gedanken stürzen, denn dieser scheint etwas zu sein, das es zu vermeiden gilt.

Je mehr wir uns also gegen negative Gedanken wehren, desto größer wird der Fokus auf sie. Dadurch geraten wir in ein Gedankenkarussell, das nur noch aus negativen Gedanken besteht. Wir beginnen mehr und mehr zu glauben, dass unser Leben schlecht ist, weil uns all die schönen Ereignisse gar nicht mehr auffallen.

Wenn ich dir jetzt sage: „Denke nicht an einen pinken Elefanten", wirst du genau an einen pinken Elefanten denken.
Wenn du dir sagst: „Ich darf keinen Fehler machen", wirst du automatisch an mögliche Fehler denken.
Wenn du denkst: „Ich darf nicht unsicher sein", wirst du dich genau auf deine Unsicherheiten fokussieren – und was wird passieren? **Du wirst unsicher!**

Wenn du dir jedoch erlaubst, unsicher zu sein, und dir zugestehst, Fehler zu machen – was wird dann passieren? Dein Verstand betrachtet Fehler oder Unsicherheit nicht mehr als Gefahr und kann sich auf Dinge konzentrieren, die dir ein gutes Gefühl geben!

Deshalb ist es unheimlich wichtig, sich in **Akzeptanz** zu üben:
Ja, du kannst versagen.
Ja, du kannst unsicher sein.
Aber ja, du wirst all das auch überstehen – und das Leben geht weiter. Es ist also kein Problem, denn alles darf da sein!

Der Grund, warum Meditation so heilsam ist, liegt darin, dass sie dich **Akzeptanz** lehrt.
Akzeptanz ist der größte Schlüssel zur Veränderung. Erst wenn wir Akzeptanz in unser Leben lassen, zeigen wir unserem Unterbewusstsein und dem Leben, dass wir – egal was kommt – stark genug sind und es überstehen werden.

So geben wir unserem Unterbewusstsein die Chance, unsere Ängste loszulassen und neue Erfahrungen zu machen.
Wenn wir jedoch unsere schlimmsten Befürchtungen nicht akzeptieren, werden wir immer an alten Erfahrungen und Gedankenmustern festhalten und Probleme haben, die wir längst nicht mehr bräuchten.

Um dir die Akzeptanz deiner Gedanken näherzubringen und dir zu zeigen, wie wertvoll sie ist, habe ich eine Meditationstechnik für dich vorbereitet.

Das Bemerken: 10 Minuten

Setze dich bequem hin.
Nimm drei tiefe Atemzüge.
Komme in deinem Körper an und spüre deine Druckpunkte:
den Boden unter deinen Füßen, die Sitzfläche unter deinem Gesäß, die Arme auf deinen Beinen.

Mache nun einen kurzen Bodyscan von oben nach unten.
Danach konzentriere dich auf deine Atmung.

Zähle nun deinen Atem:
Beim Einatmen **1**, beim Ausatmen **2**.
Zähle bis **10** und beginne dann wieder von vorne.

Während dieses Prozesses wirst du bemerken, wenn du mit deinen Gedanken abschweifst.
Bewerte das Abschweifen nicht, sondern nimm es lediglich wahr und kehre dann sanft zu deinem Atem zurück.

Es ist vollkommen in Ordnung und völlig normal, dass der Geist abschweift.
Es geht nur darum, dies bewusst wahrzunehmen und den Fokus wieder auf deine Atmung zu lenken.

Wenn die Zeit vorbei ist, öffne deine Augen und beobachte, was passiert:
War es leichter, Gedanken kommen und gehen zu lassen?
Hatten diese Gedanken immer noch dieselbe Macht, oder fiel es dir schon leichter, dich auf etwas anderes zu konzentrieren?

Was geschieht mit deinen Gedanken, wenn du sie einfach da sein lässt und sie nur bemerkst?

Übe diese Technik regelmäßig und du wirst feststellen, wie einfach es wird, dich von deinen Gedanken zu distanzieren!

Selbstbilder erkennen und lösen

Im Laufe unseres Lebens lernen wir, wie das Leben zu sein hat, und werden von unserem Umfeld geprägt. Dieses Umfeld beeinflusst auch maßgeblich unsere Sicht auf uns selbst.
Wir übernehmen Regeln und Normen über das Leben und bekommen vor allem ständig vermittelt, wer wir angeblich sind, welche Eigenschaften wir besitzen und welche nicht.

Wie ich bereits erklärt habe, bildet sich das psychologische Ich, indem wir uns an anderen orientieren, die uns spiegeln, wer wir sind.
So kann es dazu kommen, dass wir uns mit der Zeit ein Selbstbild erschaffen, das nicht unserem wahren Wesen entspricht. Dieses Selbstbild kann uns erheblich unter Stress setzen, besonders wenn wir den Erwartungen, die mit diesen Selbstbildern (in der Psychologie auch *Images* genannt) verknüpft sind, nicht gerecht werden.

Diese „künstlich" entwickelten Selbstbilder dienen oft der Kompensation und sollen uns vor verdrängtem emotionalem Schmerz schützen.
Ein Beispiel: Ein Mensch, dessen Selbstwert in der Kindheit ausschließlich an seine Leistungen geknüpft

war, könnte ein Selbstbild entwickeln, das ihn als starken und leistungsfähigen Menschen darstellt. Dieses Selbstbild hilft ihm, Gefühle von Hilflosigkeit, Scham, Schuld und Einsamkeit zu vermeiden.
Er oder sie musste dieses Selbstbild erschaffen, um in seinem Umfeld Anerkennung zu erfahren und emotional zu überleben.

Doch im Erwachsenenalter sind diese kompensatorischen Selbstbilder oft nicht mehr notwendig. Stattdessen verursachen sie mehr Belastung, als dass sie uns noch unterstützen.

Deshalb ist es für uns Menschen essenziell, unsere Selbstbilder zu hinterfragen und zu erkennen, was tatsächlich dahintersteckt:

- Bin ich wirklich so, wie ich glaube, oder versuche ich durch dieses Selbstbild, bestimmte Dinge zu vermeiden?
- Welche Selbstbilder habe ich übernommen, weil ich es musste – obwohl sie gar nicht zu mir passen?

Oft merken wir gar nicht, dass wir uns selbst viel zu ernst nehmen und nicht loslassen können. Wir folgen vermeintlichen Regeln, die angeblich existieren, ohne diese zu hinterfragen – selbst dann nicht, wenn uns andere vorleben, dass es auch anders geht.

Häufig verurteilen wir Menschen, die sich anders verhalten, und sagen Dinge wie: *„Wie kann man sowas nur machen? Das geht doch gar nicht!"*

Doch wer bestimmt eigentlich, dass etwas nicht geht?
Woher stammen diese Vorstellungen?

Wenn wir uns diesen Fragen stellen, kommen wir sehr
schnell zu unseren sogenannten „Glaubenssätzen".
Richtig – unsere Selbstbilder und die Art, wie wir die
Welt wahrnehmen, basieren auf tief verinnerlichten
Glaubenssätzen darüber, wie wir angeblich funktionieren
und wie die Welt angeblich funktioniert.
Doch wir dürfen diese Glaubenssätze auf ihre Essenz
hinterfragen. Wie kommen wir eigentlich darauf, dass die
Welt genau so funktioniert?
Wer hat uns das beigebracht?
Sind die Menschen, die uns das beigebracht haben,
allwissend?
Sind sie glücklich?
Sind sie fehlerfrei?
Kann es nicht auch anders sein?
Warum lehnst du gewisse Dinge ab? Was ist an diesen
Dingen so störend für dich? Was triggert dich daran?

„Du darfst nicht lügen!"
Okay, aber warum nicht?
*„Man darf nur monogam leben, alles andere ist
verwerflich!"*
Okay, was ist daran verwerflich?
Können Menschen nicht selbst entscheiden, mit wie
vielen Personen sie eine Beziehung führen möchten?

Unsere Glaubenssätze gehören uns, und wir sollten
aufhören, sie auf andere zu projizieren. Stattdessen
sollten wir uns selbst hinterfragen, um zu verstehen,
warum wir so fest von unseren Überzeugungen überzeugt

sind.
Häufig stecken hinter diesen festen Überzeugungen Emotionen, die wir vermeiden wollen – wie zum Beispiel Scham und Schuld.

Wenn du eine polygame Beziehung führen würdest, könnte es sein, dass du von deinem alten Umfeld verachtet oder beschämt wirst. Das könnte wiederum zum Ausschluss führen, weshalb du dir den Glaubenssatz angeeignet hast, dass nur eine monogame Beziehung okay ist. Doch das, was du damals erfahren hast, ist nur eine von vielen Meinungen – sogar nur eine von Milliarden. In vielen Kulturen wird das ganz anders gesehen.

Also können wir diesen Glaubenssatz auf seine Wahrheit überprüfen und schnell feststellen, dass er schlichtweg irrational ist. Somit können wir ihn loslassen.
Es ist vollkommen okay, eine polygame Beziehung zu führen.
Mit dieser Erkenntnis werden wir gelassener und sozialer. Das bedeutet nicht, dass du auch eine polygame Beziehung führen musst, aber du würdest anfangen, andere nicht zu verurteilen und ihnen kein Unrecht zu tun. Stattdessen würdest du diese Menschen ihr Leben leben lassen und mit ihnen einen normalen Austausch führen.

Sehr oft lassen uns unsere Glaubenssätze zu ernst werden und schaffen eine unnötige Distanz. Wenn wir uns den Dingen jedoch öffnen würden, könnten wir viel entspannter und harmonischer miteinander umgehen.
Wie gesagt, es geht nicht darum, dass uns alles gefallen

muss, sondern um die eigene Verantwortung und das Bewusstsein, dass unsere Glaubenssätze nicht das Leben anderer bestimmen, sondern nur für uns selbst gelten. Wenn wir bereit sind, diese loszulassen, geht es uns meistens deutlich besser als mit ihnen.

Hinterfrage dich also einmal selbst: Welche Selbstbilder und Glaubenssätze hast du über dich?
„Ich bin ein starker Mensch!"
„Ich bin fleißig!"
„Ich bin dumm!"
„Ich bin schlau!"
„Ich darf nicht faul sein!"
„Ich muss anderen helfen!"
„Ich bin ein Familienmensch!"
„Ich bin introvertiert!"
„Ich bin extrovertiert!"

Es gibt unzählige Beispiele. Versuche dir deiner Selbstbilder bewusst zu werden und beginne, diese wirklich auf ihren Kern zu hinterfragen. Was wollen diese Selbstbilder dir sagen?
Was möchtest du mit diesen Selbstbildern vermeiden?

Dann versuche auch deine Glaubenssätze herauszufinden. Hinterfrage sie auf ihren Kern.

Glaubenssätze bemerken und umschreiben!

• Suche dir eine Situation heraus, die dich emotional triggert.
• Hinterfrage diese Situation: Warum triggert mich diese Situation?

- Schreibe dir deine Glaubenssätze auf, die erklären, warum dich die Situation triggert.
- Wann hast du diesen Glaubenssatz das erste Mal geglaubt?
- Welche Emotionen sollen vermieden werden? Wovor schützt dich dein Glaubenssatz?
- Stelle dir das schlimmste Szenario vor.
- Akzeptiere das schlimmste Szenario.
- Verarbeite die unverarbeiteten Emotionen (Emotionale Integration).
- Formuliere den Glaubenssatz positiv um.
- Stelle dir vor, wie du dich mit deinem neuen Glaubenssatz fühlen würdest.
- Verankere dieses positive Gefühl mit deinem neuen Glaubenssatz, indem du dir deinen neuen Glaubenssatz täglich vor Augen führst. **ACHTUNG WICHTIG:** Verknüpfe deinen Glaubenssatz immer mit einem Gefühl – so lässt er sich deutlich besser verankern!

Den inneren Kritiker verstehen und zu seinem Freund machen!

Nun möchte ich dir nochmal detailliert erklären, was es mit dem inneren Kritiker auf sich hat und wie du besser mit ihm umgehen kannst.
Der innere Kritiker ist ein Anteil in uns, der uns ständig kritisiert, und es scheint, als würde er immer etwas an uns finden, das er zu beanstanden hat.
Warum haben wir eigentlich einen inneren Kritiker? Warum reden wir so häufig so extrem schlecht mit uns selbst?

Es macht doch normalerweise keinen Sinn, sich selbst schlecht zu reden, oder?
Wenn wir jedoch in die Tiefe gehen, macht es durchaus Sinn, einen inneren Kritiker zu haben!
Denn was versucht der innere Kritiker, wenn er uns kritisiert?
Stell dir selbst mal die Frage: Warum kritisierst du dich so oft?
Wenn es einen Sinn haben könnte, welcher wäre das?

Unser innerer Kritiker versucht lediglich, dem gerecht zu werden, was er damals von seinem Umfeld gelernt hat!
Wenn du als Kind häufig kritisiert oder beschämt wurdest, dann ist der innere Kritiker genau der Teil von dir, der versucht, dich vor dieser Kritik und Scham zu schützen.
Das klingt im ersten Moment vielleicht absurd, weil er uns doch ständig runterzieht und uns sagt, dass wir nicht gut genug sind. Doch was passiert in uns, wenn diese Stimme auftaucht?
Sehr häufig versuchen wir dann, unser Verhalten so zu ändern, dass wir den Bedingungen gerecht werden, die wir unterbewusst in unserem Kopf abgespeichert haben.
Der innere Kritiker erfüllt somit seine Aufgabe perfekt: Er hat zum Beispiel gelernt, dass du nicht versagen darfst und keine Fehler machen darfst. Deshalb wird er schnell aktiv, wenn du Fehler machst oder es den Anschein hat, dass du versagen könntest.

Was dein innerer Kritiker jedoch nicht weiß, ist, dass du nicht mehr von deinem Umfeld abhängig bist und viele Dinge in deinem Leben schlichtweg nicht mehr gefährlich sind. Du darfst ihm also immer wieder, wenn er sich meldet, freundlich darauf hinweisen, dass er nicht mehr gebraucht wird und es okay ist, Fehler zu machen. Hier gilt es, wie bei jedem anderen Gedanken: Es reicht, wenn wir unseren inneren Kritiker bewusst wahrnehmen. Lass ihn kurz wüten und sage dir dann selbst: „Ich bin sicher, es ist okay", und fokussiere dich wieder auf das, worauf du dich konzentrieren möchtest.

Wichtig ist zu verstehen: Dein innerer Kritiker ist nicht gegen dich, sondern ein Echo deiner Vergangenheit. Du darfst ihm zeigen, dass diese Zeiten vorbei sind und er jetzt gehen darf! Dies gelingt, indem wir mit unserem inneren Kritiker kommunizieren und ihn nicht als Gegner sehen, sondern als einen Teil von uns, der lernen darf, dass es auch anders geht und man nicht mehr so hart zu sich selbst sein muss.
Manchmal ist es jedoch so, dass der innere Kritiker keine Ruhe gibt und sich ständig aufdrängt. Dann gibt es eine andere Möglichkeit, die ich zunächst für Quatsch hielt, aber die bei mir tatsächlich funktioniert hat, weshalb ich sie dir auch erkläre.
In der buddhistischen Psychologie wird gelehrt, dass es drei Wege gibt, um mit negativen Gedanken umzugehen:

1. Ignoriere sie.
2. Setze einen positiven Gedanken dagegen.
3. Werde zum Krieger und bekämpfe den Gedanken so lange, bis du den Krieg gewonnen hast!

Die dritte Option kam mir seltsam vor, weil es in der Regel um Akzeptanz geht und darum, alles in Einklang

zu bringen. Plötzlich sollte man jedoch wütend werden und die Gedanken mit seiner Wut bekämpfen. Das ergab für mich zunächst keinen Sinn. Doch eines Tages habe ich bei einer bestimmten Tätigkeit meinen inneren Kritiker ganz laut wahrgenommen und konnte hören, wie er mich fertig machte. In diesem Moment dachte ich: „Krass, wie rede ich eigentlich mit mir?"
Die Gedanken wurden immer lauter und kritischer, und ich sagte mir: „Nein, so rede ich nicht mehr mit mir selbst, stopp!" Die Gedanken hörten nicht auf, also ging ich immer wieder zu diesen Gedanken hin und sagte: „Nein, so rede ich nicht mehr mit mir, hör auf!" Irgendwann merkte ich, dass von unten nach oben ein Kribbeln durch meinen Körper hochstieg – es war wie ein Stromschlag. Ich dachte: „Was geht denn jetzt ab?" Dieses Kribbeln strömte bis in meinen Kopf und legte sich dann wieder. Ich fühlte mich richtig erleichtert, denn zu Beginn hatte ich mich sehr erschreckt und konnte nicht verstehen, was in mir vor sich ging.
Plötzlich merkte ich, dass die negativen Gedanken verschwunden waren. Als ich wieder mit der Aktivität fortfuhr, bei der die kritischen Gedanken zuvor aufkamen, bemerkte ich, dass sich der innere Kritiker nicht mehr meldete – auch wenn ich einen Fehler machte. Seit diesem Tag sind diese kritischen Stimmen bei dieser Aktivität einfach verschwunden.
Mein Meditationslehrer hat dieses Phänomen so erklärt: Wenn wir unsere Wut aufbringen, um uns von einem Gedanken abzugrenzen, erzeugen wir ein neuronales Gleichgewicht, mit dem wir diese Verknüpfungen auflösen können.
Wie gesagt, am Anfang wollte ich es auch nicht glauben, aber ich habe selbst die Erfahrung gemacht, dass das

Ganze funktioniert!
Deshalb rate ich dir: Sollte der innere Kritiker mal ganz laut werden und du das Gefühl haben, er übermannt dich, dann nutze deine Wut und grenze dich so lange ab, bis er nicht mehr wiederkommt und du diesen Kampf gewonnen hast. Werde zu einem Krieger!

Das Gesetz der Anziehung!

Heutzutage, in einer Zeit, in der sich viele Menschen mit Persönlichkeitsentwicklung auseinandersetzen, gibt es eine Sache, die immer häufiger zu hören ist: das Gesetz der Anziehung. Es wird gesagt, dass du das in dein Leben ziehst, was du im Inneren fühlst. Viele Menschen versuchen, ihr Inneres durch positive Affirmationen zu verändern, um endlich das in ihr Leben zu ziehen, was sie sich so sehr wünschen. Doch dann merken sie schnell, dass es irgendwie nicht funktioniert. Sie hinterfragen sich, warum es bei ihnen nicht klappt, oder fangen an zu glauben, dass das alles Blödsinn ist. Schließlich hören sie mit ihren Affirmationen auf und geben das Thema Persönlichkeitsentwicklung auf, weil es bei ihnen nicht funktioniert. Doch das ist falsch!

Das Gesetz der Anziehung existiert, und wenn wir wissen, wie wir es für uns nutzen können, können wir unser Leben tatsächlich verändern. Doch das bedeutet viel Arbeit, und diese Arbeit ist oft unangenehm – etwas, das viele Menschen heute nicht mehr bereit sind zu leisten. In einer Zeit, in der man sich bequem alles besorgen kann, ohne auch nur von der Couch aufstehen zu müssen, ist harte, unangenehme Arbeit nicht mehr so beliebt. Wir müssen jedoch verstehen, dass Veränderung immer unangenehm ist. Wie ich bereits in diesem Buch erklärt habe, entsteht Veränderung und Weiterentwicklung erst, wenn wir bereit sind, einen Widerstand zu überwinden. Tun wir das nicht, bleiben wir in unserer Entwicklung stehen.

Bevor ich also erkläre, was es mit dem Gesetz der Anziehung auf sich hat, möchte ich dir eine Frage stellen: Warum, glaubst du, erzählen sich die meisten Menschen ihre Affirmationen?
Warum fangen Menschen an, sich mit Manifestation zu beschäftigen?
Sagen sich die Menschen „Ich bin gut genug", weil sie wirklich so empfinden, oder tun sie das in der Hoffnung, das Gefühl von „Ich bin nicht gut genug" zu vermeiden?
Sagst du dir Sätze wie „Ich bin stark", „Ich bin erfolgreich", weil du wirklich so empfindest, oder weil du Sätze wie „Ich bin schwach", „Ich bin ein Versager" vermeiden möchtest?
Wenn du dir manifestieren möchtest, dass du ein schönes Auto fährst, machst du das aus dem Gefühl heraus, dass du das Auto verdient hast und es erreichen kannst, oder träumst du davon in dem Glauben, dass du es sowieso nie erreichen wirst?

Ich denke, du wirst nun schnell verstehen, worauf ich hinaus möchte.
Das Gesetz der Anziehung wird oft nur an der Oberfläche verstanden und angewendet, was uns dann so täuscht, dass wir gar nicht merken, dass wir das Gesetz der Anziehung als eine Vermeidungsstrategie nutzen, um uns

nicht schlecht fühlen zu müssen!
Was passiert dann in unserem Leben?

Richtig, es verändert sich nichts, weil das, was wir wirklich wahrhaftig in uns fühlen, immer noch „Ich bin nicht gut genug" ist!
Wir können keine guten Dinge in unser Leben ziehen, wenn wir die unangenehmen Glaubenssätze und Emotionen vermeiden, denn dann halten wir immer noch an ihnen fest. Unser Fokus bleibt auf diesen Glaubenssätzen, anstatt sich auf das zu konzentrieren, was wir in unserem Leben haben möchten.
Je mehr du versuchst, eine Sache zu erzwingen, desto mehr wirst du merken, dass du dich von deinem Ziel entfernst, denn tief in dir trägst du den Glauben, dass du dein Ziel nicht erreichen kannst.
Hättest du den Glauben, dass du dein Ziel erreichen wirst, könntest du gelassen an deinen Zielen arbeiten, und Rückschläge würden dich nicht aus der Bahn werfen. Du wüsstest, dass du einen Weg finden wirst, um das Ziel zu erreichen.
Wenn du jedoch nicht an dich glaubst, ist jeder Fehlschlag nur ein Beweis für das, was du im Herzen trägst – nämlich „Ich bin nicht gut genug!"
Du siehst das Scheitern nicht als Teil deines Prozesses, sondern als Bestätigung für deinen Glaubenssatz.
Denk daran: Wir versuchen, unser Selbstbild im Außen zu bestätigen. Was immer im Außen passiert, wird so interpretiert, dass es mit deinem Selbstbild übereinstimmt.
Das liegt an unserer selektiven Wahrnehmung!
Wenn du dir ein Auto kaufen möchtest und dich für ein bestimmtes Modell entschieden hast, was wirst du im

Außen sehen?
Immer wieder wirst du dieses Auto sehen, weil es nun in deinem Bewusstsein präsent ist.
Wenn du dir eine Partnerschaft wünschst, was wirst du dann da draußen sehen?
Tief in uns liegt eine Weisheit, die uns zeigt, was wir uns im Inneren wünschen und wonach wir uns sehnen.
Hier ist eine unangenehme Wahrheit, der wir uns stellen müssen:
Warum sehnen wir uns so sehr nach diesen Dingen?
Weil wir irgendwo in uns glauben, dass wir sie nicht verdient haben!
Was passiert also in deinem Leben?
Du wirst immer wieder scheitern, und der Glaubenssatz wird sich weiter festigen.
Doch das, was passiert, ist keine Bestätigung für irgendetwas, sondern wir machen es zu einer Bestätigung, weil wir glauben, es sei so.
Was ich dir damit klar machen möchte, ist, dass das Gesetz der Anziehung in allem, was wir tun, präsent ist.
Wir können dieses Gesetz am besten erkennen in der Art und Weise, wie wir Ereignisse und Situationen bewerten!
Was passiert in dir, wenn etwas schief läuft?
Bist du motiviert und lernst du aus deinen Fehlern, oder ist es für dich eine Katastrophe, wenn etwas schiefläuft?
Begrüßt du Fehler? Kannst du Risiken eingehen? Bist du entschlossen, dein Ziel zu erreichen? Oder vermeidest du Fehler?
Gehst du den sicheren Weg? Hast du Angst zu versagen bei allem, was du tust?
Was fühlst du wirklich in deinem Herzen?
Es ist wichtig zu betonen, dass es mir nicht darum geht, jemanden zu verurteilen! Alles, was hier geschrieben

steht, soll dir lediglich vor Augen führen, wie du dich im Moment fühlst. Und egal, wie du dich fühlst, es ist vollkommen in Ordnung! Es ist nicht deine Schuld, dass dir niemand beigebracht hat, wie man mit seinem Geist und seinen Emotionen umgeht. Du übernimmst bereits Verantwortung, indem du dieses Buch liest!
Wir müssen uns nur unserer Wahrheit stellen und mit ihr Frieden schließen, um uns weiterentwickeln zu können.
In diesem Buch möchte ich dir beibringen, wie du dich wahrhaftig selbst liebst. Es geht mir nicht darum, dir beizubringen, wie du gesellschaftlich anerkannt wirst.

Ich möchte dich nicht lehren, erfolgreich zu sein, wenn du nicht erfolgreich werden möchtest.
Denn würden wir nach Erfolg streben, wenn wir wüssten, dass Erfolg uns unglücklich macht?
Nein!
Würden wir nach Schönheit streben, wenn wir wüssten, dass es uns unglücklich macht?
Nein!
Würden wir nach Anerkennung streben, wenn wir wüssten, dass es uns unglücklich macht?
Nein!
Das Einzige, was ich dir lehren kann, ist, wie du dich selbst lehrst, was dich ausmacht und dich im Kern deines Herzens glücklich macht!
Denn da draußen gibt es keinen besseren Lehrmeister als deine eigene innere Weisheit!
Ich kann dir nicht sagen, was dich glücklich macht, kein Therapeut der Welt kann dir das sagen. Aber wenn du es schaffst, wieder eine Verbindung zu dir selbst aufzubauen und dir selbst zu vertrauen, dann wirst du verstehen, dass die Antworten auf deine Fragen bereits in

dir sind!
Wie schaffen wir es nun, das Gesetz der Anziehung für uns zu nutzen?
Indem wir dorthin gehen, wo es weh tut.
Sätze wie „Ich bin nicht gut genug" waren einmal wichtig in deinem Leben, und wir müssen verstehen, wovor sie uns schützen wollten.
Wir müssen uns zunächst bewusst machen: Wovor möchte ich mich schützen?
Das bedeutet, anstatt unangenehme Emotionen und Glaubenssätze loswerden zu wollen, erforschen wir sie bis zu ihrer Essenz, nehmen sie bewusst wahr und können dann entscheiden, ob wir diesen Schutz noch brauchen.
Haben wir uns entschieden, den Schutz abzulegen, gilt es, uns mit der Situation zu konfrontieren – mit allem, was sich zeigt – und es voll und ganz zu akzeptieren. Alles, was sich zeigt, ist vollkommen in Ordnung, du zeigst dich so, wie du bist, denn du bist gut genug.
Danach folgt die korrigierende Erfahrung Schritt für Schritt, und irgendwann wirst du merken, wie dein System die alten Erfahrungen und Glaubenssätze loslässt und du dich immer wohler fühlst.
Du wirst gar nicht erklären können, warum das so ist, aber du wirst merken, wie du dich plötzlich sicherer und positiver fühlst.
Du kannst dich mehr auf dein Ziel konzentrieren und beschäftigst dich immer weniger mit den „Was-wäre-wenn"-Szenarien, denn du akzeptierst die „Was-wäre-wenn"-Szenarien!
Egal, was passiert, du nimmst es in Kauf, denn das ist normal, es kann nun mal passieren – das ist das Leben.
Die Dinge laufen nicht immer so, wie man es sich

wünscht, also müssen wir das auch nicht persönlich nehmen und können auch mal darüber lachen.
Das bedeutet, Affirmationen entfalten erst dann ihre wahre Wirkung, wenn wir sie nicht mehr nutzen, um alte Glaubensmuster zu vermeiden, sondern wenn wir die alten Muster akzeptieren und bewusst entschieden haben, nun anders über uns zu denken. Wir schneiden nichts von uns ab, sondern akzeptieren die alten Muster als Teil von uns, sind uns aber bewusst, dass wir ihnen nicht hilflos ausgeliefert sind und fangen an, uns die Liebe zu geben, die wir nun verdient haben.
Wir sind bereit, die Seiten an uns zu lieben, die wir vorher abgelehnt haben, denn wir wollen nicht mehr der Gesellschaft gefallen, sondern lediglich uns selbst!
Du manifestierst das schöne Auto, das du fahren möchtest, nicht mehr, um von deinem alten, langweiligen Leben loszukommen, sondern du liebst dein Leben und erkennst dich selbst an – und vielleicht willst du das Auto dann auch gar nicht mehr.
Wenn du es jedoch haben möchtest, dann, weil es dir gefällt und nicht wegen des Status.
JA, DAS GESETZ DER ANZIEHUNG EXISTIERT!

Es ist jedoch kein Zauber, der dein Leben von einem Tag auf den anderen verändert. Es ist nichts, was über Nacht kommt und dein Leben rettet.
Es ist nicht 10 Minuten Meditieren und plötzlich hast du 10 Millionen auf dem Konto!
Es ist nichts, was du austricksen kannst, nichts Bequemes, sondern du wirst immer das anziehen, was du wirklich im Herzen trägst. Egal, wie oft du dir vor Augen

führst, wie erfolgreich du sein wirst, wenn du in deinem Herzen glaubst, dass du es nicht schaffst, wird genau das eintreffen – solange, bis du wirklich an dich selbst glaubst.

Hierzu möchte ich dir noch eine kleine persönliche Geschichte erzählen.

Ich studiere in Köln an der Deutschen Sporthochschule, und dort musst du einen Eignungstest absolvieren, um angenommen werden zu können. Ich habe den Test zweimal durchlaufen, weil ich den ersten nicht bestanden hatte.

Meine Vorbereitung auf den ersten Test war sehr schlecht. Ich war teilweise überheblich und dachte: „Ach, ich schaff das schon" und habe mich nicht richtig darauf vorbereitet. Aber was habe ich eigentlich wirklich gefühlt?

Habe ich wirklich gedacht „Ach, ich schaff das schon" oder hatte ich in Wirklichkeit die ganze Zeit Angst zu versagen und habe diese Angst vor mir hergeschoben? Habe ich mich wirklich nicht darauf vorbereitet, weil ich es schon schaffe oder weil die Scham eines Versagens größer gewesen wäre, wenn ich mich wirklich angestrengt hätte und trotzdem versagt hätte?

Die Wahrheit war, dass ich einfach riesige Selbstzweifel hatte und diese nicht nach außen zeigen wollte – ich wollte sie ja nicht mal selbst wahrhaben.

Die Wahrheit ist jedoch, dass ich selbst nie geglaubt habe, dass ich an einer so renommierten Sporthochschule, die zu den besten Europas gehört, überhaupt gut genug wäre, um dort studieren zu können. Also bin ich dort angetreten und war nie wirklich bei der Sache. Ich habe meine Ängste gespürt und mich in den Pausen mit meinem Handy abgelenkt und mir Kraft von

meinen Freunden geholt, weil ich nicht geglaubt habe, es alleine schaffen zu können.
Als ich dann in einer Disziplin ein Defizit bekam, mit dem ich nicht gerechnet hatte (man darf nur einen haben, beim zweiten fliegt man raus), wurden die Zweifel immer größer. Kurz vor Schluss bin ich rausgeflogen.
Dass ich rausgeflogen bin, war so wichtig für mich und meine Entwicklung!
Früher bin ich immer damit davongekommen, meine Skills haben gereicht, um entspannt durchs Leben zu gehen. Doch nun bin ich auf eine Grenze gestoßen und musste an mir arbeiten.
Ich war danach richtig wütend und mir war klar: „Ich mach es nochmal, aber dieses Mal richtig!"
Ich werde nichts mehr dem Zufall überlassen, mich richtig darauf vorbereiten und ich werde es schaffen!
Also habe ich mir einen Plan gemacht und die Vorbereitung auf den nächsten Test war super. Ich wusste, ich werde es schaffen!
Meine ganze Präsenz an diesem Tag war ganz anders!
Ich war voll konzentriert, aber nie nervös.
Ich war in mir gefestigt und habe mich nur auf meine Aufgaben konzentriert.
Mein Handy war den ganzen Tag aus und ich konnte mich in den Pausen entspannen.
Ich war in einem absoluten Flow-Zustand.
Warum aber?
Weil ich es komplett in mir gespürt habe: Ich kann das!
Ich musste nichts mehr befürchten.
Alles, was ich im Herzen trug, war: Ich schaffe das!
Das ging so weit, dass ich beim Hochsprung extrem gelassen im Aufwärmen war, obwohl ich beim

Aufwärmen die Höhe, die ich brauchte, nicht einmal geschafft habe.

Beim Eignungstest gibt es immer eine Gruppe, die dich betreut und dir Tipps gibt. Als ich zu der Gruppe ging, sagte ich nur: „Ich weiß, was ich machen muss. Beim ersten Versuch werde ich die Höhe schaffen."
Genau so ist es auch gekommen.
Dann kam die allerletzte Disziplin und ich hatte kein Defizit und wusste, dass ich schon durch war. Also konnte ich entspannt sein, obwohl Kugelstoßen meine größte Schwäche war.
Ich musste meinen letzten Versuch machen, und mein erster Gedanke war: „Okay, es ist mir egal, ob ich es schaffe oder nicht, ich bin schon durch."
Dann kam mir jedoch der Gedanke: „Nein, ich will jetzt auch alles schaffen. Ich stoße die Kugel jetzt einfach über die Begrenzung!"
Und ich habe es geschafft und den Test ohne Defizit bestanden.
Statt Selbstzweifel und Angst hatte ich überall nur pure Entschlossenheit und Klarheit gespürt. Ich wusste nicht, dass man trotz des hohen Drucks so ruhig sein kann. Ich hatte mich noch nie so leistungsfähig und konzentriert gesehen wie an diesem Tag.
An dieser Geschichte möchte ich euch zeigen, wie wichtig es ist, sich bewusst zu sein, was man denkt und fühlt, denn das wird euer ganzes Leben beeinflussen!

Der Mensch hat verlernt, Mensch zu sein!

In der heutigen Zeit erscheint es mir so, dass wir Menschen immer mehr die Verbindung zu uns selbst verlieren und uns somit immer unglücklicher machen.
Ich glaube, kaum eine Zeit war so anspruchsvoll und herausfordernd für unsere Psyche wie die Zeit, in der wir heute leben.
Denn unser Nervensystem und unser Körper sind nicht für diese extrem schnelllebige Welt gemacht. Die ganze Technologie und der Fortschritt werden oft dazu missbraucht, sich das Leben leichter zu machen, dabei merken wir gar nicht, wie genau diese Bequemlichkeit uns immer unglücklicher macht. Die meisten Menschen nutzen diese Mittel nicht, um ihr Leben zu bereichern, sondern um unangenehmen Dingen aus dem Weg zu gehen. Warum das uns unglücklich macht, habe ich in diesem Buch zur Genüge thematisiert!
Ich persönlich finde es erschreckend, wie sehr wir uns von uns selbst entfremdet haben.
Wir haben mittlerweile keine Ahnung mehr, was wir wirklich tief in uns wollen.
Wir wissen nicht mehr, woher wir kommen, und leugnen mittlerweile unsere Bedürfnisse, nur um ein Bild zu erzeugen, das angeblich anerkannt werden kann.
Wir merken gar nicht, dass die Art und Weise, wie wir leben, unseren Handlungsspielraum immer mehr einschränkt.
Denn das, was wir momentan am meisten tun, ist vermeiden.
Wir haben uns so sehr von uns selbst abgespalten und sind so sehr im Funktionsmodus, dass wir alles, was uns daran hindert, so zu sein, wie wir uns vorstellen, aus

unserem Leben verbannen wollen.
Wir verzeihen uns selbst kaum noch Fehler und somit auch anderen kaum noch Fehler, was die Angst, etwas falsch zu machen, immer weiter ansteigen lässt.
Die Statistiken zeigen, dass die Zahl psychisch erkrankter Menschen stetig steigt!
Es liegt in unserer Verantwortung, uns bewusst zu machen, dass die Art und Weise, wie wir heutzutage leben, uns nicht glücklich macht, sondern uns unglücklich macht!
Ich weiß, viele glauben, wir wären in einer sehr aufgeklärten Welt, und viele denken, wir wären sensitiver geworden, weshalb wir heutzutage nicht mehr so viel aussprechen wie früher. Doch das hat nichts mit Feinfühligkeit zu tun!
Oft ist es sogar Heuchelei!
Heutzutage achten extrem viele darauf, alles besonders richtig zu machen, bloß nichts Falsches zu sagen, statt ehrlich und authentisch zu sein!

Genau dieses Verhalten führt dazu, dass wir immer mehr Ängste entwickeln.
Ich glaube, wir merken teilweise gar nicht, wie sehr wir uns unter Druck setzen, wenn es um unsere Wortwahl geht. Darf ich das noch sagen?
Was ist, wenn sich jemand angegriffen fühlt?
Ist das noch politisch korrekt?
Ich finde es mittlerweile wirklich schlimm, in welche Richtung wir uns entwickeln.
Jeder ist für seine Emotionen selbst verantwortlich!
Doch mittlerweile möchte kaum noch jemand die

Verantwortung dafür übernehmen, weshalb man doch bitte seinen Mund halten soll, weil das, was du sagst, zu unbequem ist!

Wir möchten häufig nicht mehr mit der Wahrheit konfrontiert werden, wir möchten nicht mit der harten Welt konfrontiert werden, und machen uns somit klein, indem wir uns in eine Rolle begeben, in der wir dem Außen die Kontrolle über unser Leben geben.

Was ist, wenn die Welt sich nicht verändert?

Was ist, wenn die Welt genau so bleibt, wie sie ist?

Könntest du dann ein glückliches Leben führen?

Kannst du die Welt so, wie sie ist, akzeptieren?

Wenn nein, dann bleib mal bei dir und hinterfrage, warum du nicht glücklich sein kannst.

Gib nicht der Welt da draußen die Schuld, sondern frag dich, was bei dir geändert werden muss, damit du glücklich bist.

Wo musst du deine Perspektive ändern?

Wo darfst du heilen?

Was wünschst du dir tief in deinem Herzen?

Wogegen wehrst du dich?

Sehr schnell merken wir, dass nicht die Welt da draußen das Problem ist, sondern dass wir unsere Probleme auf diese Welt projizieren.

Die Welt muss sich nicht ändern! Wenn du willst, kannst du dich aber ändern.

Eines der Hauptprobleme ist folgendes: Jeder sagt, du musst dich ändern, aber keiner sagt, ich muss mich ändern. Was ist wohl die Schlussfolgerung daraus?

Es wird sich nichts ändern!

Das Internet und die Art, wie wir es größtenteils nutzen, sind höchst dysfunktional!

Es ist zu einer Befriedigungsmaschine geworden. Unsere

Aufmerksamkeitsspanne wird immer kleiner!
Unser Nervensystem ist einer ständigen Überladung ausgesetzt und kommt kaum noch zur Ruhe, was zur Folge hat, dass wir körperlich und psychisch krank werden.

Die Langzeitmotivation wird immer geringer und wir suchen immer mehr nach einem schnellen Dopaminkick! Auch das macht uns unglücklich!
Wir ziehen kaum noch etwas durch, unsere Resilienzen werden immer kleiner und wir sind immer weniger belastbar!
Wir reden von einer Work-Life-Balance und arbeiten doch schon deutlich weniger als früher.
Die Arbeit ist nicht das Problem, sondern dass wir nicht mehr gewillt sind, unangenehme Situationen für ein größeres Ziel hinzunehmen.
Ich will Millionär sein, aber nicht die Verantwortung eines Millionärs tragen.
Ich will Leistungssportler sein, aber nicht die Opfer bringen, die es braucht, um Leistungssportler zu sein.
Ich will das Abitur, aber nicht dafür lernen; ich will ja noch ein Leben haben.
Wir müssen wirklich an so vielen Dingen arbeiten und viel bewusster leben.
Nein, wir führen kein bewusstes Leben, auch wenn es so dargestellt wird – wir sind höchst unbewusst!

Wir sind gefangen in völlig irrationalen Glaubenssätzen, und vor allem verstehen die meisten gar nicht, warum sie so handeln, wie sie handeln. Denn wenn sie sich dessen bewusst wären, würden sie merken, dass ihr Verhalten höchst irrational ist.
Nur haben wir verlernt, wer wir Menschen überhaupt sind.
Sei unabhängig und stark!
Wir Menschen sind schon immer soziale Wesen gewesen – wir wollen Bindung!
Wann waren wir Menschen denn mal unabhängig voneinander?
Nie!
Wir brauchen einander!
Vor allem: Warum wollen denn so viele unabhängig und stark sein?
Was steckt denn tief darunter?
Das Bedürfnis nach Anerkennung und somit das Bedürfnis nach Bindung – wir belügen uns selbst, um anderen zu gefallen.
Wenn Unabhängigkeit uns unglücklich machen würde, würden wir sie dann anstreben?
Die ganzen Medien und unser Geltungsbedürfnis blenden uns.
Was bedeutet es eigentlich, stark zu sein?
All seine Bedürfnisse zu verdrängen, um dazuzugehören?
Oder seine Bedürfnisse zu kennen, sie auszusprechen und sich so zu zeigen, wie man wirklich ist – ganz egal, was andere sagen?
Zu seinen Ecken und Kanten stehen zu können, zu seinen Schwächen stehen zu können und keine Maske tragen zu müssen, weil man den Mut hat, sich verletzlich zu zeigen, wenn man die Stärke besitzt, zu wissen, dass man

mit diesen Situationen umgehen kann.
Wir haben verlernt, mit unangenehmen Ereignissen umzugehen. Wir nutzen unser Wissen nicht, um ein aufgeklärteres Leben zu führen, sondern um unangenehme Situationen zu vermeiden. Das hat nichts mit Aufgeklärtheit zu tun!
Das ist unbewusstes Handeln, bei dem man seine Emotionen fürchtet, statt sie willkommen zu heißen – man macht sich klein statt groß!
Kinder sollen nicht mehr um Sieg oder Niederlage spielen?
Wer hat sich das ausgedacht?
Schließt Leistungsdruck denn Spaß aus?
Nein!
Die Kinder dürfen nur lernen, damit umzugehen!
Sie dürfen lernen, was sich dahinter verbirgt und wie sie mit solchen Situationen umgehen können.
Wir wollen Stress reduzieren?
Wie wäre es, wenn wir akzeptieren, dass es nun mal Situationen im Leben gibt, in denen man durch eine stressige Zeit gehen muss – was aber nicht schlimm ist, wenn du gelernt hast, wie du mit solchen Situationen umgehen kannst!
Das Niveau der Schulen wird immer schlechter, die Lehrer verlieren immer mehr Autorität. Statt sich selbst und die eigene Erziehung zu hinterfragen, werden die Lehrer und die Schulen hinterfragt, weil mein Kind doch keine schlechte Note bekommen kann.
Die Vorstellung von Chancengleichheit blendet die Menschen vollkommen!
Es gibt keine Chancengleichheit, und sie war auch nie notwendig.
Es gibt genügend Beispiele, in denen Menschen aus

ärmlichen Verhältnissen erfolgreich geworden sind!
Jeder ist für sein Leben selbst verantwortlich und dafür, was er daraus macht.
Wir sind nicht schuld daran, dass manche arm sind und andere reich – so ist diese Welt nun mal.
Jetzt das Niveau überall so anzupassen, dass jeder das Abitur schafft, würde nur dem Ansehen des Abiturs schaden.
Das Leben, so schön es auch ist, ist ebenfalls leider auch gnadenlos und grausam – nur das will keiner mehr sehen.
Natürlich wünsche ich mir auch eine Welt, in der jeder genug zu essen hat und jeder das Recht auf Bildung.
Jedoch dürfen wir nicht einfach blind den Menschen die Verantwortung nehmen und so tun, als wären sie komplett hilflos – denn das sind sie nicht!
Chancengleichheit würde nur dazu führen, dass die einen ihre Chance nutzen und die anderen nicht, und dann wären wir genau da, wo wir jetzt nun mal sind.

Die Natur funktioniert nun mal so, dass die Starken bestimmen und die Schwachen sich fügen müssen. Ich weiß, wie hart das klingt, aber es ist die Realität.
Wenn wir die Härte des Lebens nicht akzeptieren, werden wir auch nicht die Schönheit des Lebens sehen.
Wir Menschen dürfen uns wieder viel mehr zutrauen!
Wir müssen nicht vermeiden.
Wir müssen wieder mehr zueinander finden.
Wir alle möchten Liebe in unserem Leben.
Wir müssen wieder zu unseren Wurzeln zurückkehren und verstehen, was wir Menschen wirklich in der Tiefe unseres Herzens wollen.
Denn wenn wir das verstanden haben und ebenfalls begriffen haben, dass wir selbst für uns verantwortlich

sind, dann werden wir auch wieder mehr Freiheit spüren!
Dann werden wir uns wieder so begegnen, wie wir wirklich sind.
Wir werden einander lieben, so wie wir sind.
Keiner wird mehr Angst davor haben, etwas Falsches zu sagen, sondern wird einfach ehrlich sagen, was er denkt!
Ist es nicht das, was wir uns wirklich wünschen?
Wir wollen uns doch alle entfalten.
Das beginnt aber bei jedem selbst!
Deshalb ist mein Appell an dich: Lerne, dich selbst zu verstehen, und wenn du das getan hast, wirst du auch jeden anderen verstehen, denn wir sind uns alle viel ähnlicher, als wir denken!
Wenn wir die Welt verändern wollen, dann können wir nur eine Sache tun: uns selbst verändern, und der Rest folgt.
Das waren nun noch ein paar Worte, die ich zum Schluss meines Buches loswerden wollte.
Mir liegt das Wohl der Menschen am Herzen, aber wir müssen uns über die Art und Weise, wie wir leben, bewusst werden.
Wir müssen wirklich verstehen, was wir uns in der Tiefe wünschen und warum wir so handeln, wie wir handeln.
Sind wir uns dessen nicht bewusst, werden wir uns selbst unglücklich machen!
Mir war es zum Schluss dieses Buches wichtig, auf ein paar Probleme aufmerksam zu machen und zu zeigen, dass wir verlernt haben, für unsere Probleme Eigenverantwortung zu übernehmen.
Mir war es wichtig zu zeigen, dass es momentan extrem viele falsche Glaubenssätze gibt, die uns Glück versprechen, uns aber nur unglücklicher machen!
Mir war es wichtig, ein Verständnis dafür zu entwickeln,

wer wir wirklich sind und dass wir nur glücklich werden können, wenn wir wieder dorthin gehen, wo wir erkennen, wer wir wirklich sind.
Wenn wir die Zukunft verändern wollen, dann geht das nur in der Gegenwart.

Ich fordere dich heraus!

Kleines Zusatzkapitel für dich!
Lass uns kurz über Gewohnheiten sprechen und wie wichtig sie für unser Leben sind.
Unsere Gewohnheiten haben nämlich einen großen Einfluss auf unser Leben, und wenn wir sie nicht so überarbeiten, dass sie uns und unser Leben positiv unterstützen, werden wir uns leider selbst sabotieren und uns im Weg stehen!
Was sind Gewohnheiten überhaupt und wie entstehen sie?
Eine Gewohnheit besteht aus zwei Faktoren: Zunächst gibt es einen bestimmten Reiz – nehmen wir als Beispiel, dass wir aufstehen. Auf diesen Reiz folgt eine Handlung, wie zum Beispiel die schlechte Angewohnheit, nach dem Handy zu greifen.
Es wird also eine Verknüpfung hergestellt, die wir uns antrainiert haben: Wir stehen auf, greifen nach dem Handy, und das wird zu unserer Gewohnheit!
Diese Handlung wird so verinnerlicht, dass sie vollkommen automatisiert wird, und wir hinterfragen gar nicht mehr, warum wir sie so machen – wir machen es einfach!
Zusammengefasst: Gewohnheit = Reiz + Handlung, und

diese wird automatisiert!
Nun können wir unsere Angewohnheiten ändern, denn unser Gehirn ist in der Lage, sich zu verändern – es ist neuroplastisch.
Wie können wir uns also neue Angewohnheiten antrainieren?
Indem wir uns einen bestimmten Reiz suchen und uns überlegen, was wir daraufhin tun wollen.
Zum Beispiel: morgens aufstehen, ein Glas Wasser trinken und 10 Minuten meditieren.
Wenn wir das zu einer Gewohnheit machen wollen, braucht es Achtsamkeit und Wiederholung!
Wie lange muss ich diese Routine ausüben, damit sie zur Gewohnheit wird?
Dazu gibt es verschiedene Theorien. Viele sagen, es braucht etwa 21 Tage, um eine neue Gewohnheit zu bilden, andere sagen, es dauert 66 Tage, weil man damit rechnen muss, dass es mal Tage gibt, an denen man die Routine nicht einhält.
Viele nutzen eine 30-Tage-Challenge, um sich neue Gewohnheiten anzueignen.
Der Morgen und der Abend, kurz vorm Schlafengehen, sind die effektivsten Zeitpunkte, um Gewohnheiten zu etablieren!

Warum ist das so?
Am Morgen und am Abend, kurz vorm Schlafengehen, haben wir einen direkten Reiz, den wir für uns nutzen können: Ich stehe auf oder ich gehe ins Bett!
Zudem haben wir den Vorteil, dass wir morgens und abends noch besseren Zugriff auf unser Unterbewusstsein haben. Diese Zeiten sind ideal, um unser Unterbewusstsein umzuprogrammieren!

Ich fordere dich nun zu einer 30-Tage-Challenge heraus!
Mache dir bewusst, was du in deinem Leben haben möchtest und was du dafür tun kannst, um deine Ziele zu erreichen!
Welche Routinen brauchst du, um ein besseres Leben zu führen?
Was wolltest du schon immer mal machen, hast es bisher aber noch nicht getan?
Such dir nun eine Routine für den Morgen oder den Abend aus, die du für die nächsten 30 Tage durchziehen möchtest!
Mache dir bewusst, warum du das für dich tun möchtest! Setze dir ein klares Ziel und ein klares Warum!
Schreib dir das Ziel auf und warum du es erreichen willst.
Wichtig: Schreibe es von Hand in ein Notizbuch oder Tagebuch! Es ist wissenschaftlich bewiesen, dass Dinge, die wir handschriftlich aufschreiben, besser in unserem Gedächtnis haften bleiben als Dinge, die wir am PC notieren.
Danach kannst du einfach anfangen!
Schreibe auch gerne deine Fortschritte auf!
Wie fühlst du dich? Welche Auswirkungen hat deine neue Gewohnheit auf dich?
Führe dir selbst vor Augen, wie gut dir diese neue Gewohnheit tut.
Kleine Zusatzmotivation: Dieses Buch hier ist ebenfalls in einer 30-Tage-Challenge entstanden!
Also traue dich ruhig, etwas Großes anzustreben und mache dein Ziel so klein wie möglich, damit du immer das Gefühl hast, die Aufgabe bewältigen zu können!
Ich glaube daran, dass du alles schaffen kannst – nur hast

du den Mut, die Dinge anzugehen?
Nimmst du meine Herausforderung an?

Danksagung

Zunächst möchte ich mich bei jedem bedanken, der dieses Buch gelesen hat!
Danke, dass du dir die Zeit genommen hast, um es zu lesen. Ich hoffe, ich konnte dir ein paar neue Erkenntnisse mit auf deinen Weg geben und vor allem hoffe ich, dass du mit Hilfe dieses Buches einen Weg findest, mehr zu dir selbst zu kommen!
Wir sind dann am besten, wenn wir wir selbst sind. Und hast du einmal deine Passion gefunden, steht einem glücklichen Leben nichts mehr im Weg.

Weiterhin möchte ich meinem Dozenten danken, der mich mit seinem Kurs motiviert hat, dieses Buch zu schreiben und Vollgas zu geben! Ich habe jede Minute genossen, dieses Buch zu schreiben. Ohne dieses Buch hätte ich diese intensiven Flow-Momente nicht erlebt. Sie haben den Kurs so spannend gestaltet, dass ich immer voll dabei war, und aus diesem Kurs ist dieses Buch entstanden. Dafür möchte ich Ihnen danken!

Ich möchte ebenfalls meinen beiden damaligen Therapeuten danken!
Meine ersten Worte richten sich an meinen ersten Therapeuten. Ich danke Ihnen, dass Sie so geduldig mit mir waren. Ihre ruhige Art hat mir sehr geholfen, Emotionen in der Therapie zu durchlaufen, ohne dass ich es wirklich verstanden hatte. Erst viel später wurde mir bewusst, was wir in der Therapie gemacht haben und wie

sehr es mich bestärkt hat und wie ressourcenreich diese Zeit war!
Sie haben bei mir großartige Arbeit geleistet, und ich bin mir sicher, dass Sie noch vielen Menschen helfen werden, ein besseres und glücklicheres Leben zu führen! Danke für Ihre Arbeit, ich werde das nie vergessen!

Kommen wir nun zu meiner damaligen Therapeutin. Ich denke, in meinem Buch konnte man das ein oder andere Mal herauslesen, wie viel ich von Ihnen halte und wie viel mir die Zusammenarbeit bedeutet hat. Je mehr ich mich mit Therapie und Psychologie befasse, desto mehr sehe ich, wie viel Mühe Sie sich gegeben haben und wie viel Sie für mich getan haben.
Ich konnte mich immer auf Sie verlassen, und Sie haben mir die Kraft gegeben, eine wirklich harte Zeit durchzustehen!

Ich bin Ihnen für so viele Dinge dankbar und habe damals viele unserer Gespräche genossen. Ich konnte sehr viel von Ihnen lernen und habe dieses Wissen auch in dieses Buch geschrieben.
Zum Schluss unserer Therapie haben Sie gesagt, Sie glauben, ich könnte alles schaffen.
Sie haben wirklich an mich geglaubt, und das hat mir sehr viel Kraft gegeben!
Auch wenn ich es zu dem Zeitpunkt zuerst nicht geglaubt habe, so fange ich mehr und mehr an, daran zu glauben, dass ich wirklich alle meine Ziele erreichen kann!
Dieses Buch ist auch ein großes Dankeschön an Sie!
Ohne Sie wäre ich niemals so weit gekommen! Danke für alles, was Sie für mich getan haben!

Danach möchte ich Peter Beer danken!
Ohne deine Hingabe und ohne deine Meditationslehrerausbildung gäbe es dieses Buch nicht, da ich nie das Wissen gehabt hätte, um es schreiben zu können.
Deine Ausbildung hat mein Leben verändert!
Viele Menschen, die mich kennen, haben bei mir so viele Veränderungen bemerkt und fragen mich, was ich gemacht habe.
Meine Antwort ist immer dieselbe:
Ich habe angefangen zu meditieren!
Deine Ausbildung war so wertvoll, und dort steckte so viel Mühe drin, dass ich sie auch nur jedem weiterempfehlen kann.
Die Übungen, die wir gemacht haben, die Live-Calls, die wir hatten, in denen wir gelernt haben, Meditationen anzuleiten – alles war so gut umgesetzt.
Ebenfalls ein großes Dankeschön an das ganze Team!
Ohne euch wäre die Ausbildung nicht möglich gewesen!
Ich bin so dankbar dafür, diese Ausbildung gemacht zu haben und dieses Wissen nun anderen weitergeben zu können!
Peter Beer, ich bewundere deine Arbeit und bin dir einfach nur dankbar für das, was du für mich und so viele andere getan hast!

Dann bedanke ich mich bei meinen Freunden, die immer für mich da waren!
Ihr seid die wertvollsten Menschen in meinem Leben, und ohne eure Unterstützung wäre ich wahrscheinlich schon ein paar Mal zerbrochen. Aber eure Liebe hat mir immer wieder Kraft gegeben, und ich konnte auch in sehr schweren Zeiten lachen, abschalten und glücklich sein.

Wir werden noch sehr viele schöne Momente miteinander verbringen, und ich widme dieses Buch auch euch!
Danke für alles, meine Freunde!

um Schluss bedanke ich mich bei meiner Familie!
Ihr seid das Allerwichtigste in meinem Leben!
Ihr habt mich bei allem unterstützt, was ich mache, und gebt jeden Tag alles dafür, dass ich studieren kann und mein Leben so gestalten kann, wie ich es möchte!
Ohne eure Bemühungen wäre das alles nicht möglich gewesen.
Ich danke euch dafür, dass ihr mir alle Möglichkeiten gebt, mein Leben so zu leben, wie ich es möchte!
Ich danke euch für eure Liebe, für eure Unterstützung und für unseren Zusammenhalt.
Für all die schönen Momente, aber auch all die harten Zeiten, die wir gemeinsam durchgestanden haben.
Ich liebe euch alle und bin sehr dankbar, dass ich so eine tolle Familie haben darf!

www.ingramcontent.com/pod-product-compliance
Ingram Content Group UK Ltd.
Pitfield, Milton Keynes, MK11 3LW, UK
UKHW040750060225
454761UK00004B/215